UN PETIT MARQUISAT RURAL

OU

LA COMMUNE DE MERPINS

VERS LA FIN DU XIXe SIÈCLE

SUIVI

D'UN APPENDICE SUR PLUSIEURS COMMUNES LIMITROPHES

PAR

M. COUSIN

Brevitati studendum.
Il faut rechercher la brièveté.
(Axiome du droit.)

Prix : 75 Centimes

B. NOGUÈS

LIBRAIRE, EN FACE DE L'ÉGLISE

COGNAC

1884

UN PETIT
MARQUISAT RURAL

OU

LA COMMUNE DE MERPINS

VERS LA FIN DU XIXe SIÈCLE

SUIVI

D'UN APPENDICE SUR PLUSIEURS COMMUNES LIMITROPHES

PAR

M. COUSIN

Brevitati studendum.
Il faut rechercher la brièveté.
(Axiome du droit.)

Prix : 75 Centimes

B. NOGUÈS

LIBRAIRE, EN FACE DE L'ÉGLISE

COGNAC

1884

PRÉFACE

Ceux qui veulent connaître l'histoire de leur petit pays, au jour le jour des principaux événements, sont ordinairement arrêtés par plusieurs difficultés : ou bien ils manquent de documents précis, ou bien ils cherchent vainement un fil conducteur pour se diriger dans cette étude, c'est à dire pour donner aux faits leur portée véritable, leur saine interprétation. Cependant, cette histoire nous intéresse, non seulement pour les siècles passés, mais surtout pour le temps présent, pour le courant de nos affaires quotidiennes, de notre contact avec ce qui nous environne. Il y a plus encore : le présent contient en germe l'avenir, et cette solidarité qui nous relie à nos devanciers, nous unit aussi à nos descendants. Il n'est pas bon que la nuit de l'oubli vienne envelopper complètement le mal ni le bien sur la terre, car sans le souvenir, disait jadis le Dante, il n'y a pas de science, et sans la science l'homme est un voyageur égaré qui ne peut marcher qu'à tâtons.

D'ailleurs, la pensée que l'on va consigner leurs faits et gestes rend les détenteurs du pouvoir plus circonspects, moins portés à en abuser, et stimule encore la générosité de caractère des plus gens de bien.

Il n'est donc pas de plus belle mission pour l'historien, même simple chroniqueur, que de retracer le bien pour l'instruction des contemporains et de la postérité, et de signaler le mal pour l'empêcher de se reproduire, pour susciter à son encontre une légitime, salutaire et persévérante indignation.

Mais, autant la louange de l'impartiale histoire est glorieuse et touchante pour l'homme de bien, autant sa flétrissure est terrible à l'absolutisme, à ses abusives prétentions.

Quand, au sein d'une civilisation comme la nôtre, vous verrez jusque dans un simple village de quelques centaines d'habitants un ou deux tyranneaux réussir à tout courber sous leur arbitraire, faire à leur gré la pluie et le beau temps pour la roture, endormir de leurs niais compliments l'ignorance et les préjugés, dites hardi-ment que dans ce milieu-là le publiciste a manqué. Seul, en effet, il eût été capable de troubler ou de vaincre la scandaleuse sécurité de l'oppression césarienne ou féodale, et, même en succombant à la tâche, il se fût suscité des vengeurs. Au fond, ce que la tyrannie redoute le plus, ce qu'elle n'a pas de relâche qu'elle n'ait intimidé, séduit ou exterminé, c'est le publiciste.

Quand il peut réprimer sur l'heure par un exposé lumineux et concis les abus et les écarts des tyranneaux de second ordre, c'est alors surtout que le publiciste rend un signalé service à ses conci-toyens. Par cette initiative courageuse, il dessille les yeux des gens les plus prévenus, enhardit et retrempe les énergies loyales contre les perfidies et les bassesses; en second lieu, il transmet à la postérité des faits marqués de la véracité la plus incontestable, puisqu'elle n'a pu être sérieusement combattue ni par les intéressés, ni par les stipendiés, ni par les sectaires de parti pris.

Parfois la plus petite bourgade ne le cède pas aux plus grandes cités pour produire ces petits despotes qui se croient tout permis et qui prolongent des abus révoltants, proscrits en droit depuis des siècles. A ce point de vue, le marquisat ou la commune de Merpins mérite entre beaucoup d'autres une mention spéciale, et nous ne doutons pas que les divers épisodes qu'il nous est, hélas! donné d'y voir se dérouler et se succéder depuis plusieurs années n'intéressent vivement bon nombre de nos contemporains et plus tard de nos successeurs du xxe siècle.

Dans notre exposé simple et impartial, en verra par quel méca-nisme ingénieux une double féodalité faisait mouvoir le ban et l'arrière-ban de ses vassaux, avec quelle opiniâtre duplicité elle abusait leur crédule ignorance, et, pour tout dire en un mot, par quels moyens elle perpétuait son despotisme, fastueusement décoré du nom de *conservation*.

A cet exposé nous joindrons un précis bref et rapide des ques-tions récemment agitées ou pendantes en plusieurs communes de la région Merpino-Cognaçaise.

UN PETIT

MARQUISAT RURAL

OU

LA COMMUNE DE MERPINS VERS LA FIN DU XIXe SIÈCLE

CHAPITRE PREMIER

Description géographique de la commune de Merpins. — Maires et principaux événements depuis 1820 —
Poirier de Villevert, Bergeron, Amb. Delavie, Thomas Ménard. — Le suffrage universel et les classes
dirigeantes. — Les Dodart et leurs prétentions. — Décadence financière du petit régent de Tournebourre; son abattement moral; son relèvement commercial, grâce à la maison Martell. — L'abbé
Courant, curé de Merpins, premier vassal de Tournebourre. — L'instituteur Laidet. — M. Renollaud,
maire de Merpins. — La querelle des coteaux. — Démission de M. Renollaud et avènement du seigneur
Edmond Dodart. — Il démissionne en 1876, au bout de deux ans. — M. Courant se retire du ministère.
— Le nouveau curé. — Renollaud, revenu au pouvoir en 1876, démissionne à la fin de l'année. — Poli-
tique des *soi-disant conservateurs* à l'encontre du nouveau curé. — Le buste de la République à
Merpins en 1879. — Dénonciations incessantes à l'évêché d'Angoulême contre le nouveau curé, précé-
demment banni de Saint-Même par l'influence carabasique. — Lettres menaçantes du prélat inféodé. —
Réponse loyale du curé. — Curieux article du journal *le Napoléon* au sujet du curé et des élections
municipales. — Réflexions des lettrés. — Considérations plus générales. — Belles paroles de Constance
Chlore et de l'empereur Valens.

La commune ou marquisat de Merpins est bornée à l'est et au
nord par la Charente, à l'ouest par la rivière du Né, divisée en
canaux, qui débouchent dans le fleuve; au sud par la plaine de
la Champagne. Son territoire, d'ailleurs très fertile, occupe une
surface de 1046 hectares, dont un tiers consiste en prairies d'un
rapport considérable. Sa population n'est que de 650 habitants,
agglomérés dans trois ou quatre hameaux, à l'exception, peut
être, d'une vingtaine de maisons éparses dans la plaine. Le bourg,
voisin du monticule où s'élevait jadis le *Castrum* (château-fort),
compte à peine une vingtaine de foyers qui s'étendent depuis l'église
jusqu'au fond de la vallée. La vieille église romane domine la

Charente et les riantes prairies qu'enferme de son demi-cercle la petite rivière du Charenton. Assez souvent, durant l'hiver et pendant plusieurs mois, c'est une image de la mer la plus unie. Merpins, suivant les étymologistes faciles, viendrait de là même, *peinture de la mer*, tandis qu'il dérive en réalité du celtique *Marpen* et du latin *Merpisius*, cap ou promontoire dominant les marais. De ces hauteurs, l'œil plane sur la ville de Cognac, qui semble émerger du ravin, à l'est.

Poirier de Villevert géra les fonctions de maire de 1820 à 1830. Un de ses parents avait eu, en 1780, des démêlés assez opiniâtres avec dom Verguet, prieur de La Frenade, à cause des droits de chasse sur les terres de l'abbaye.

Thomas Ménard, fils de celui qui avait été délégué à l'assemblée préliminaire de Cognac en 1789, devint adjoint en 1827. De 1830 à 1833, la Mairie fut occupée par un sieur Bergeron, dont les descendants, divisés en plusieurs branches, résident toujours à Merpins. C'était un homme aux apparences rudes, et qui faisait aisément céder, par négligence autant que par attachement à son intérêt personnel, les affaires communales au soin de ses biens propres. Ménard lui succéda en 1833. Le caractère de celui-ci, très liant, très serviable, restera non seulement le type du maire habile et rond en affaires, mais plus avisé et plus retors qu'aucun de ses successeurs. Il y avait du Mazarin dans cet homme fin et doucereux dont les temporisations émoussaient l'ardeur de ses ennemis sans décourager ses amis. D'humeur toujours égale, au courant de tout, jamais aucun solliciteur n'avait à craindre de l'importuner, tant il possédait à fond l'art de s'accommoder des hommes et des temps. Il habitait auprès de la célèbre chaussée dite de l'Ile-Marteau, au lieu occupé aujourd'hui par Gilbert, son gendre. En 1836, M⁰ Lachaud, procureur du roi, appréciait en ces termes la valeur de ce maire, en visant les actes de l'état civil de Merpins : Registres bien tenus, formalités bien observées, maire intelligent. Ses adjoints furent tour à tour un sieur Pavy, retiré plus tard à Salles-d'Angles, et un sieur Choime.

En 1839, la Mairie fut occupée par Ambroise Delavie, parent de l'ancien maire Bergeron. C'était une coutume très répandue jusqu'en ces derniers temps, parmi les gens riches, censitaires de l'époque du suffrage restreint, jusqu'en 1848, de se réclamer, les uns à l'égard des autres, d'une parenté nominale, comme celle de cousins, par exemple, à l'instar des rois et des altesses qui se qualifient de *frères* et de *cousins*. Mais il était à noter que si de deux frères, l'un seulement avait conservé sa fortune ou contracté une riche alliance, c'était celui-là seulement qu'ils reconnaissaient pour parent; l'autre ne leur était évidemment rien. L'accointance politique et l'égoïsme bourgeois le voulaient ainsi; et ces usages ne sont pas entièrement effacés. C'est pourquoi rien ne sonne moins bien aux oreilles de ces classes soi-disant dirigeantes, que le principe du suffrage universel, venant ouvrir une brèche dans leur monopole souvent étroit et haineux. Les mêmes agissements ont continué à prévaloir et se sont perpétués sur toute la ligne dans bon nombre de communes rurales; même après l'introduction du suffrage universel, ce qui a le plus recommandé un homme auprès de ses voisins, ce sont les moyens pécuniaires. Par une aberration étrange, on a jugé du mérite d'un homme, non d'après son intelligence, son aptitude et son honnêteté personnelles, mais d'après l'étendue de ses propriétés, la quantité de ses bâtiments, le nombre de serviteurs et de bêtes à laine ou à cornes qu'il entretenait. Nulle part cette tocade ou, pour parler comme le grand orateur Cicéron, ce triste spectacle n'avait pris de plus grandes proportions qu'à Merpins et dans la contrée connue sous le nom de *Champagne*. Aussi, nulle part, la condition de la démocratie n'y est-elle moins en faveur. *Nec ulla deformior species est civitatis quàm illa, in quà opulentissimi optimi putantur.* (Cicéron, *De Republicâ.*)

Delavie resta maire jusqu'en 1858, époque où Thomas Ménard reprit la direction des affaires communales jusqu'en 1865. Durant cette période, il eut successivement pour adjoints MM. Coutan et Renollaud. Celui-ci devint maire et M. Clément Gay, adjoint. Bien que parfaitement honnête et rangé en tant que simple particulier, M. Renollaud ne savait pas toujours s'abstenir de certaines roueries que sa capacité fort peu étendue couvrait difficilement. Ceux qu'il jouait ainsi devinaient trop aisément le truc et, suivant le dicton populaire, lui voyaient « percer le bout de l'oreille ». A force de vouloir ménager la chèvre et le chou, il ne contentait personne. Ses préférences instinctives le portaient certainement vers la classe riche, vers les bourgeois orléanistes, qui s'accommodaient aisément en politique de la forme et des visées impériales, mais qui, en administration, redoutaient toujours un certain développement de prospérité chez les fils des anciens manants. Depuis la déchéance de la noblesse, dont ils avaient acquis les biens à vil prix, les bourgeois rêvaient évidemment à leur profit une substitution de prépondérance, moins le nom sans doute, qu'ils savaient odieux à la généralité des citoyens. Aussi ne se faisaient-ils pas faute de donner quelques crocs-en-jambe à ce vilain suffrage universel, de le flatter et de le cajoler, puisque c'était à ce prix seulement qu'ils pouvaient obtenir dans la commune les charges et les emplois, se promettant bien de se dédommager plus tard de cette contrainte momentanée. — Rien de plus ordinaire, sous l'ère impériale, que ces petites ripailles, ces avances gracieuses, ces banalités de compliments accordées aux pauvres diables par les bons bourgeois. On prenait quelquefois les choses de plus loin. Selon ces calculateurs, de même qu'un bon pêcheur ne craint ni le temps ni la peine pour jeter ses appâts en temps opportun, de même un rusé candidat ne doit rien omettre de ce qui peut lui gagner des partisans aux élections municipales. A l'approche du grand jour, les hommes les plus revêches, les petits Carabas eux-mêmes, ceux qui comptaient plusieurs quartiers de noblesse, ne dédaignaient pas de s'humaniser et de sourire à leurs esclaves. Ils prodiguaient les poignées de main, les cigares, les flots de la dive bouteille, et ce peuple qui grognait tout à l'heure contre son tyran, se laissait encore entraîner; comme la pauvre compagne de Barbe-Bleue, éblouie à l'aspect de ses trésors, il ne trouvait plus à son maître la mine si rébarbative. On votait, et le tour était joué. La contre-partie ne se faisait pas longtemps attendre :

> Car s'il mène à l'abreuvoir
> Et le manant et son suffrage,
> On pourra vite apercevoir
> Qu'en retour il détient un gage :
> Trois ans sur le pauvre féal,
> Il prend bien des fois sa revanche :
> Du rustaud, du rude animal,
> Le dos à son pied sert de planche.

Par malheur pour les hobereaux de nouvelle race, les idées nouvelles faisaient du chemin. Les bourgeois, en général fort peu laborieux, peu intelligents (Dieu ne donne pas tout au même homme), trop amis surtout d'un bien-être inconciliable avec les fortes études, ne prenaient pas garde qu'ils perdaient sans cesse du terrain, et qu'un jour viendrait où leur prestige s'évanouirait complètement, où ces modernes Baltazar, mis dans la balance, seraient trouvés légers.

Le prestige du maire Renollaud s'éclipsa dans la querelle des
coteaux. Depuis un temps relativement considérable, il existait au
versant des coteaux qui s'inclinent entre la route départementale
et la prairie située en deçà du Charenton, beaucoup de parcelles
laissées incultes par les propriétaires, qui trouvaient plus d'avantages à planter des vignes qu'à remettre en culture des pentes
arides. Les pauvres et les indigents, auxquels on fermait la prairie
pour le pacage du bétail après le 1er mars, avaient pris l'habitude
de se réfugier sur ces coteaux, où parmi les broussailles croissait
une herbe tendre. Des propriétaires moins gênés, même des gens
aisés, s'étaient mis à donner aux conditions du cheptel des brebis
à garder, et retiraient de ces opérations des profits considérables,
allant jusqu'à trente pour cent. Entre temps, un terrible fléau
se déchaînait sur le pays — le phylloxera, puisqu'il faut l'appeler
par son nom, — ruinant les espérances des malheureux propriétaires et les acculant de jour en jour à des extrémités fâcheuses.
Certains des exploiteurs n'avaient pas su se contenir en voyant que
leur situation croissait en avantages continuels, tandis que celle
des gens aisés tournait en détriment. Il ne fait bon railler personne
en ce monde; aussi, de toutes parts, les propriétaires des parcelles
revendiquèrent un terrain qu'ils n'avaient jamais abandonné, et
sommèrent les occupants de les évacuer, sous peine d'une action
judiciaire. Ceux-ci, au contraire, soutenaient que les coteaux étaient
de vrais communaux mis à la disposition du pauvre peuple. La
querelle s'envenima. L'instituteur communal Laidet, qui gagnait
lui aussi de beaux deniers en plaçant du bétail en cheptel et
qui était en même temps secrétaire indispensable de la Mairie
merpinienne, employa son influence à faire équivoquer le maire
Renollaud, placé, une fois de plus, entre ce maudit suffrage
universel auquel il devait son mandat de conseiller, même son
écharpe municipale, et son rôle d'homme des classes dirigeantes,
habitué à ne regarder l'électeur que comme un cheval de renfort
qu'il faut congédier quand on a monté la côte. Il crut pouvoir
jouer double jeu : apostiller d'une note favorable les pétitions et
réclamations des propriétaires, et, d'autre part, agir en sous-œuvre
contre les réclamants. Une telle ruse ne pouvait manquer de
transpirer. Mis en demeure par les propriétaires des parcelles
d'agir franchement en leur faveur, M. Renollaud s'y décida;
mais il perdit du même coup la confiance populaire; puis, se
sentant impossible, il résigna des fonctions qu'il n'avait jamais

exercées bien sérieusement. On disait de toutes parts que, durant ses absences fréquentes, il laissait son secrétaire ou même sa femme gouverner en son lieu et place.

Cette querelle avait éveillé l'ambition d'un homme réputé pour son avarice sordide et dont le silence désapprobateur fut pris par quelques-uns pour de la perspicacité : nous avons nommé M. Thibaud Justin, désormais célèbre sous le nom de *Pantinien* ou premier vassal du Marquisat. A cette même époque (1865), émergeait peu à peu, au milieu de revers accablants et de succès commerciaux prodigieux, le futur arbitre des destinées merpiniennes. C'était le sieur Edmond Dodart, habitant et copropriétaire du logis de Tournebourre avec un de ses frères M. Alphonse. D'une taille moyenne, quoique assez bien prise, mais d'une intelligence médiocre et d'une application peut-être inférieure encore, à peine sorti des études secondaires du Petit-Séminaire de Richemont, il s'était engagé dans les affaires commerciales, comme toute la jeunesse de ce temps. Tout ne lui avait pas longtemps souri, car après quelques bénéfices assez modestes, il s'était vu ruiné complètement. Comme à César, il lui aurait fallu plusieurs milliers de sesterces pour n'avoir plus rien, c'est à dire pour payer toutes ses dettes : la dot entière de sa femme, jeune et belle, y avait passé.

Le réveil se trouvait terrible pour un jeune homme de vingt-huit à trente ans, peu capable de se livrer à d'autre occupation et dont l'héritage paternel avait été, d'autre part, sensiblement amoindri, désagrégé. Ne sachant, comme on dit vulgairement, ni de quel bois faire flûte, ni à quel saint se vouer, il ramassait ses dernières épaves pour vivoter un peu. On était au printemps de 1866. La modestie convenait trop à son rôle pour qu'il fût tenté de s'en départir. Comme il sentait l'amertume et le poids de l'existence, dans un pays où la prospérité publique atteignait alors à son apogée ! Pour faire diversion à ses chagrins, il acceptait volontiers l'invitation du moindre manant. On le voyait avec sa jeune compagne, monté sur le bateau de quelque pêcheur, aller ramasser des écrevisses ou bien acheter sans vergogne, chez l'homme du peuple, ses provisions au jour le jour. Il s'écriait avec un accent désolé « qu'il était ruiné, qu'il ne se relèverait jamais d'un tel désastre, etc. »; bref, il manifestait son désespoir sur tous les tons les plus attendrissants. Comme Jérôme Bonaparte, après Waterloo, cherchait à ranimer le courage de son auguste frère sans y pouvoir parvenir, ainsi le jeune Alphonse y perdait son latin. A ces encouragements, M. Edmond répondait par des mots d'une mélancolie profonde qui frappaient les manants de stupeur. Ce n'était pas encore Marius assis sur les ruines de Carthage, mais des exclamations typiques : « Ah! mon pauvre frère, la lune ne se lèvera pas pour nous par un temps si noir, etc. »

Cependant, il était écrit, comme disent les sectateurs d'Allah, que non seulement la lune, mais encore un soleil radieux, allait bientôt illuminer son sort, celui de sa belle compagne et de sa famille tout entière. La légende, confirmée par des témoins nombreux et dignes de foi, la légende rapporte qu'un jour qu'il battait à son ordinaire le pavé de la cité cognaçaise, il avait été rencontré par un célibataire encore gaillard, un des princes de la finance et du commerce cognaçais en même temps, et que celui-ci, touché de ses peines, était devenu le boute-en-train de sa fortune. Chargé par lui d'opérations commerciales considérables, notre Thésée avait gagné, non pas la toison d'or, mais cent pour cent dans un bric-à-brac sans précédent. Aussitôt, voici notre millionnaire ne se tenant plus de joie, qui donne dans un luxe éblouissant, qui daigne à peine saluer ces manants avec lesquels hier encore il se montrait bon enfant, à leur table, bien entendu, qui prend en un mot des airs si superbes, une pose si arrogante, que l'on n'en peut croire ses yeux. Sa fierté ne fléchit un peu que pour se faire donner les rênes de la mairie, qui s'échappent des mains de M. Renollaud. On vit alors se réaliser cette profonde parole du philosophe Joubert : « Les changements subits de fortune ont un grand inconvénient : les enrichis n'ont pas appris à être riches, et les ruinés à être pauvres. »

En réalité, le sieur Edmond Dodart n'était maire que pour les représentations solennelles. Pour l'ordinaire, il s'en remettait à la prudence et à l'esprit d'ordre de son adjoint, M. Clément Gay. On s'aperçut bientôt qu'on s'était donné un maître, non pas comme celui de Sieyés, propre à tout vouloir et à tout faire, mais à tout dominer du haut de sa grandeur; si, du moins, comme le dit un vieil auteur du moyen âge, pour être prince il suffit d'occuper le premier rang, et pour dominer de posséder des sujets, le nouveau maire pouvait se fier à son étoile. Tout s'effaça devant lui, à mesure que sa prospérité matérielle prit de la consistance et de l'ascendant. Il se fit construire une maison confortable dans le faubourg Saint-Martin et agrandit l'habitation paternelle de Tournebourré en rachetant plusieurs parcelles et bâtiments qui en avaient été distraits, et en l'ornant d'un nombreux personnel d'exploitation. Le premier vassal de la nouvelle seigneurie (car ce n'était rien moins qu'un seigneur que ce *maior-maior* changeant deux ou trois fois par jour d'équipages et soulevant des nuages de poussière depuis les hameaux de Lavie jusqu'à Cognac), ce premier vassal fut le curé de céans. Les manants de Merpins pouvaient pousser des hourrahs joyeux; peu de communes avaient un maire aussi fastueux. En celui-ci revivaient avec avantage toutes ces petites gentilhommeries précaires de Tournebourre, du logis des Fontenelles, des Fé de Ségeville et des Guillet, des Poirier de Villevert, des abbés de La Frenade et des marquis d'Ars, aux lieux de Lavie et de Lagarde. Par ses airs, le prince Edmond semblait de plus en plus soucieux de mettre le nom sur la chose. Il est vrai que la proclamation de la République avait dérangé ses plans; mais le comte de Chambord vivait encore plein d'espérance, et les partisans du jeune prince impérial ne laissaient pas se ralentir son ardeur. Il faudrait avoir bien peu de chance, si, parmi tant de prétendants derrière lesquels se pressait encore la branche cadette d'Orléans, on ne parvenait pas à constituer une monarchie dont le marquisat de Merpins serait un des supports naturels, un des indispensables ornements.

Le curé de Merpins, premier homme-lige et vassal de la nouvelle seigneurie, était un vieillard encore robuste, qui s'appelait l'abbé Courant. Né en Alsace, il avait couru de diocèse en diocèse depuis l'âge de vingt ans. Entré dans diverses congrégations, il y était resté peu de temps, puis il avait pris du ministère dans le diocèse de Bourges; approchant de la cinquantaine, il était venu dans la Charente. De Souvigné, près d'Aigres, il avait été transféré, au bout de treize ans, à l'aumônerie de l'hôpital de Cognac, avec le service paroissial de Merpins. Comme les gens d'aventure auxquels la ruse ne manque pas, il avait dissimulé son âge pour se faire accepter plus facilement dans le diocèse d'Angoulême; il s'était tout bonnement rajeuni d'une dizaine d'années, non pas en se faisant teindre les cheveux, mais en transformant *par un pieux stratagème* le zéro de 1801 en une unité de dizaine. Pour donner le change à *ses vieux camarades,* avec lesquels il aimait à faire la partie et à s'humecter le gosier copieusement, il leur disait tantôt qu'il était né en l'an XI et tantôt en 1811, ce qui, *inter pocula,* traduction libre, en face d'un verre encore plein, quoique déjà plusieurs fois vidé, ne tirait pas à grande conséquence. N'ayant pu faire bon ménage avec l'essaim des abeilles de l'hôpital, *sœurs de la Sagesse pourtant,* il avait préféré se retirer dans l'humble poste de Merpins, que de convoler à une situation plus importante. Il nourrissait contre le gouvernement républicain une haine aussi ardente que celle d'Annibal contre les Romains. Du premier coup, on s'était donc trouvé à l'unisson dans le marquisat de Merpins, ayant pour chef-lieu le manoir de Tournebourre, et l'on avait constitué un parti soi-disant *conservateur*, augmenté et cimenté de l'aversion conçue contre l'ancien maire Renollaud. Complaisant et naïf à l'excès, non seulement le vieux curé s'était posé en antagoniste implacable du parti républicain, mais il avait épousé la querelle électorale avec une ferveur de néophyte, et s'était mis à propager la liste des candidats conservateurs. Il y en avait là-dedans de toute trempe, car pour ces gens-là le nom de *conservateur* est très élastique. Jamais, à coup sûr, l'abbé Courant n'avait autant dépensé d'éloquence et de zèle pour exalter le culte de Saint-Remi, patron de sa paroisse, qu'il n'en dépensait pour exalter et promouvoir le mérite des nouveaux candidats. Pourtant, bien des nuages avaient obscurci les rapports du curé vassal et de son seigneur, le marquis de Tournebourre, comme on l'appelle couramment dans le pays; mais c'est à peine si on y prenait garde, l'échiquier des passions politiques suffisant à tout raccommoder, si bien qu'après lui avoir fait quelquefois les gros yeux, le châtelain et la châtelaine faisaient fondre la glace et dissipaient les rancunes par les flots d'un vin mousseux.

Cependant, si, à l'intérieur, tout souriait au nouveau favori de la fortune, un nuage se formait pour lui à l'horizon. Comme son prédécesseur Renollaud, lui aussi allait avoir à se prononcer dans une circonstance délicate. Les élections législatives de 1876 avaient mis en présence trois candidats : deux d'entre eux se partageaient les préférences politiques du seigneur Edmond : c'étaient MM. Martell (Édouard), député sortant, et M. d'Ornano, député actuel du parti bonapartiste. La majorité de la commune penchait pour le second, tandis que la reconnaissance portait le petit marquis vers le premier. Il ne fallait pas tenter d'ôter à M. Planat, le troisième candidat, les suffrages qui lui étaient assurés. Maire de Merpins, négociant avisé pour ses intérêts, autocrate par goût, Dodart n'épargna rien pour gagner à M. Martell la majorité des suffrages merpiniens. Ayant échoué dans ce plan, il en conçut un dépit si profond, qu'il démissionna. Renollaud était encore possible, et d'ailleurs aucun citoyen n'avait été suffisamment mis en évidence pour le remplacer. Il reprit donc des fonctions qu'il avait abandonnées depuis deux ans seulement; mais ce fut pour bien peu de temps. Dépourvu d'énergie véritable, Renollaud démissionna à son tour avant les nouvelles élections, c'est à dire dès le mois d'octobre 1876.

A partir de ce moment, la commune de Merpins tomba dans un véritable gâchis. Après avoir tâtonné durant quelque temps, et par suite des anciens errements, on élut un habitant de Montignac, le sieur Thibaud, qui venait de faire construire une maison de belle apparence. C'était assurément plus à cette maison qu'à sa capacité personnelle et à sa connaissance des affaires qu'il devait ce choix de ses collègues de la Municipalité. Le croirait-on? Cet homme dont l'ambition égalait l'incapacité, mit de la coquetterie dans sa résistance, parla de ses occupations, de son peu d'habitude des affaires, de son insuffisance même, et parut durant les premiers temps porter le fardeau presque à contre-cœur. Bientôt, il cessa de se contraindre. Réélu en décembre 1877, il le prit de haut avec les manants et avec M. Renollaud lui-même, d'autant plus qu'il avait à déguiser sa vassalité envers son régent, le marquis de Tournebourre. Celui-ci n'avait pas résigné ses fonctions sans arrière-pensée. Moins prisé de la haute société cognaçaise, à cause de sa faveur encore récente à la cour de Plutus, dieu de la Fortune, il s'était dit qu'il importait peu à un homme de s'appeler ou non le maire de sa commune, pourvu qu'il gouvernât réellement, despotiquement. Si son instinct, à cet égard, avait été doublé de réminiscences historiques, il se fût aisément rappelé que Charles-Martel, d'abord chez les Mérovingiens, mais surtout Hugues-le-Grand, au déclin de la royauté carlovingienne, avaient, à volonté, fait et défait les souverains. Porté par lui *au faite des honneurs,* dont, suivant la grande expression du poète Corneille, *il avait aspiré à descendre,* M. Justin Thibaud ne pouvait manquer de se comporter en tout d'après ses instructions. La majorité restait aux ordres du prince Edmond, qui se faisait attribuer les fonctions de secrétaire perpétuel du Conseil, ayant eu préalablement le soin de choisir ses collègues parmi les nullités les plus dociles. Ce plan ne pouvant se réaliser qu'avec une recrudescence de rancune contre le sieur Renollaud, on lui suscita, au nom de la commune, et pour des motifs souvent injustes, chicanes sur chicanes et procès sur procès. Tout en l'estimant fort honnête homme, la population lui gardait peu de sympathie à cause de son manque de caractère et à cause de sa versatilité.

La nouvelle mairesse surtout, Mme Thibaud, fit de son influence sur son mari un emploi des plus fâcheux. Cette abrogation de la loi salique qui rend déjà un homme ridicule dans les affaires privées, l'avilit et le discrédite davantage lorsqu'il s'agit des choses communales. Ce rôle de citoyenne va peu aux manants. Celle-ci avait été dénommée *Mme de Bois-Sec*. On la vit plus d'une fois, aidée du garde champêtre Bruneaud, apposer le cachet de la mairie et faire acte d'omnipotence.

Sur ces entrefaites, l'abbé Courant, qui ne songeait plus à dissimuler son âge de soixante-dix-huit ans, prenait sa retraite. Rigoureusement, le peu d'importance et d'agrément du poste, les loisirs dont beaucoup d'hommes ne savent que faire, tout semblait s'opposer à ce qu'il eût un successeur résidant, puisque aussi bien M. Courant avait été le premier occupant du presbytère depuis 1789. Mais voici qu'une aventure compliquée de jalousies, de méchancetés, d'ingratitude et de bassesse, comme la vie de ce monde en est remplie, jetait en ce moment hors de sa paroisse de Saint-Même-les-Carrières un enfant du pays, né à Salles-d'Angles, et désormais aussi connu par ses ouvrages que par la haine de ses ennemis. Une relation particulière rédigée dès les premiers mois de son arrivée à Saint-Même-les-Carrières en 1876, parle de lui en ces termes : « Agé de quarante ans à peine et, au dire même de ses ennemis, doué d'une intelligence vigoureuse, d'une imagination ardente, d'une volonté ferme et, à l'encontre des obstacles, d'une patience incroyable, d'une loyauté et d'une indépendance de caractère peu communes, il était de ces hommes tout d'une pièce, qui pèsent immédiatement en toutes choses le pour et le contre, et pour qui les faits ne sont rien, parce que les principes sont tout. Il savait pourtant s'accommoder au temps et paraître changer son plan, tout en gardant les lignes principales. D'instinct et de prime-abord, il sentit que tous les regards ne tarderaient pas à se concentrer sur lui et que le tyran de Saint-Même prendrait ombrage du moindre de ses talents et du plus léger de ses succès auprès de ses paroissiens. Il se disait qu'il succomberait probablement à la tâche, et néanmoins il prit pour devise avec une grande ardeur ce mot appliqué au sauveur des hommes :

Proposito sibi gaudio, sustinuit crucem.

Au lieu des contentements et des plaisirs que lui offrait la société des *fidèles-graves* (pies-grièches qui sous les dehors d'une dévotion quinteuse n'ont rien de plus à cœur que de s'inféoder le curé et de lui souffler en tout et partout leur passion et leur humeur), il préféra travailler dans la peine à l'amélioration des pauvres et des délaissés; ou bien encore, comme Moïse, il aima mieux souffrir avec son peuple, que d'habiter en esclave du faste le palais du Pharaon Saint-Mémien, et faire litière, si l'on peut ainsi parler, de la paroisse tout entière. On le vit donc tour à tour et presque en même temps déployer une activité, une douceur et une charité vraiment surprenantes. Accessible à tous, *parce qu'il n'avait à se racheter d'aucune dépendance aristocratique,* il s'adressait de préférence au cœur, puisque c'était, à proprement parler, le point vulnérable et le plus sensible de cette population. Aussi le nouveau curé capta-t-il promptement la faveur de tous ses paroissiens; et l'épanchement d'une douce et grave simplicité le faisait désirer partout. Mais il avait contre lui un Marquis d'un calibre étrange, qui ne pouvait goûter la tenue grave et réfléchie des gens de condition médiocre, la regardant comme un reproche tacite de ses excentricités. Qu'était-ce lorsqu'il voyait poindre un mérite réel, rehaussé d'un vrai talent ou d'un certain savoir-faire? Bref, ne pouvant conquérir le curé, cet homme ignorant que le prestige de la particule nobiliaire et l'inconséquence populaire maintenaient, quand même, à la tête des affaires communales, aidé de l'influence féminine des *fidèles-graves* et probablement aussi de cette pluie d'or qui force les plus hautes citadelles, reprit les traditions de sa famille et toujours avec le même succès. Donc, battu en brèche durant vingt et un mois par la formidable tempête à laquelle il fait lui-même généreusement allusion au chapitre X de son *Histoire de Cognac,* etc., le nouveau curé se retira au sein de sa famille et de son pays. Puis, comprenant bien qu'il serait immanquablement harcelé partout, il sollicitait, au mois de novembre 1878, deux mois seulement après avoir été banni de Saint-Même, malgré la protestation courageuse de tous les habitants, l'humble poste de Merpins, qui allait devenir vacant, et y était nommé au mois de janvier 1879. Précédé ou suivi, comme il l'avait prévu, par l'animosité carabasique (¹), il ne tardait pas à être de nouveau dénoncé dans la curie épiscopale, à l'instigation sans doute du sire de Tournebourre, par le sieur Justin Thibaud, dénommé *Pantinien.* Ces dénonciations se succédèrent pendant plus de trois

---

(¹) Le marquis de Saint-Même, légendairement, est connu sous la dénomination de *Carabas.*

années consécutives. Toujours accueillies favorablement, d'aucuns disaient même encouragées, elles portaient sur ce grief aussi ridicule que contraire à l'esprit de l'Évangile : à savoir que le curé n'était pas *conservateur*, crime irrémissible! qu'il parlait à toute sorte de gens, qu'il fréquentait les républicains ou pour mieux dire les radicaux, etc., etc.

Ces dénonciations lui attiraient des lettres furieuses qui resteront un des caractères distinctifs de cette administration. Bornons-nous à l'extrait suivant, dont nous garantissons l'authenticité :

« Angoulême, le 3 janvier 1881.

» MONSIEUR LE CURÉ,

» Depuis longtemps il m'est venu à votre sujet des plaintes sur lesquelles je désire entendre vos explications. Je vous prie de venir me voir jeudi, à une heure; si vous ne le pouviez absolument, je vous attendrais vendredi à la même heure. En tout cas, veuillez bien me répondre, et agréer, Monsieur le Curé, l'assurance de mes dévoués sentiments.

» † A. L., *évêque d'Angoulême.* »

Une température rigoureuse ayant sévi soudainement, le curé proscrit profita de ce répit pour libeller sa réponse :

« Merpins, 7 janvier 1881.

» MONSEIGNEUR,

» Je reviens aujourd'hui même, vendredi, de Salles (¹), où le mauvais temps et une indisposition m'ont un peu retenu.

» Les plaintes auxquelles Votre Grandeur fait allusion dans sa lettre du 3 janvier, tirant sans doute, comme toutes celles du passé et dont le temps a désormais fait justice, à peu près toute leur valeur de ceux ou de celles qui ont coutume de les faire, il est, au moins, de mon droit et de mon devoir de prier Votre Grandeur de me faire connaître le *nom* en même temps que les *griefs* des plaignants. Il se pourrait fort bien, en effet, que j'eusse à faire valoir des griefs autrement sérieux que les leurs.

» Du reste, on ne *professe communément* que du mépris pour l'anonymat. En fin de compte, *qu'est-ce autre chose que le stylet du misérable frappant dans l'ombre l'honnête homme qu'il n'oserait envisager en face?*

» Après avoir, depuis longtemps, épuisé tout un système de flatteries, de caresses et de calomnies, les lâches recourent à leur arme favorite, la plainte, la dénonciation! Au lieu de Vous importuner sans cesse, Monseigneur, ils devraient faire comme moi, en appeler à la saine opinion publique, laquelle est toujours, *en dernier ressort,* le meilleur juge de ces sortes de différends. Leur cause, si elle est bonne, n'y perdrait rien, au contraire : « *Vox populi, vox Dei.* »

» Je suis, etc. »

(¹) Lieu habité par le vieux père du curé.

Pour comble de malechance, cette lettre ne put parvenir que le samedi à l'évêché. Or, le prélat perdit patience, et donna cours à son indignation dans la lettre suivante, qui se croisa en chemin avec la réponse que nous avons citée plus haut, à cette même date du 7.

« Angoulême, le 7 janvier 1881.

» Monsieur le Curé,

» Je vous écrivais le 3 janvier pour vous mander à l'évêché... J'ai besoin d'entendre vos explications sur des faits articulés contre vous *depuis plus ou moins longtemps* (1), *et assez graves* pour que je ne puisse demeurer sans savoir comment les apprécier.

» Je n'ai reçu ni visite ni lettre... Je pars pour assister aux obsèques de Mgr le cardinal-archevêque de Cambrai. A mon retour, je vous appellerai de nouveau, et j'ai la confiance que vous ne m'obligerez pas à recourir à des mesures de rigueur.

» Veuillez agréer, etc.

» † A. L., *évêque d'Angoulême.* »

Quinze jours auparavant, le prélat, si obséquieux pour la noblesse, venait (en vertu, sans doute, du principe de la liberté de conscience proclamé dans chaque Mandement de carême) d'interdire à un habitant de Saint-Même, nommé Jean Fontenaud, frère de celui que l'on a dénommé le Carmélite, de recevoir, pour le confesser *in extremis*, le curé de Merpins. A la dépêche télégraphique qui lui demandait cette grâce, il répondit, par lettre, « qu'il en *référerait à son Conseil* et a Saint-Même. » Or pendant que le prélat discutait, le moribond passait *littéralement* de vie à trépas. Saint Ambroise se serait levé contre le *saint* prélat et l'aurait foudroyé par son fameux texte : « *Quem non pavisti, occidisti !* Celui que vous n'avez pas nourri, vous l'avez tué! » Un autre chrétien, doué d'un sens supérieur et d'une vaillance de cœur à toute épreuve, l'immortel chancelier d'Aguesseau, n'eût certainement pas craint de discuter ces trois choses qui, selon lui, caractérisent toute sage décision : *certitude* de l'autorité, *justice* de l'autorité, *étendue* de l'autorité. Or, nous le demandons sincèrement et librement à tout homme sans parti pris, n'est-ce pas de l'arbitraire le plus prononcé, le plus propre à faire suspecter la loyauté de la croyance, et à réjouir les ennemis de la religion chrétienne?

(1) On voit que c'est toujours la même rengaine : « Le curé persiste à rester en dehors des agitations électorales et ne veut pas s'inféoder au marquis de Tournebourre. » L'évêque s'en prend !

Cependant Pantinien (M. le maire Thibaud) et son chef de file ne pouvant faire tancer *par le prélat conservateur* un curé si peu dévoué à leurs menées, s'avisèrent de le faire signaler dans un journal à un sou, le *Napoléon*, et de distribuer à foison ce même numéro aux électeurs. C'était se donner bien du mal pour rien, car jamais homme n'avait eu moins de souci d'une querelle électorale. Lisez plutôt, ami lecteur :

Merpins. « Ici la lutte est entre notre maire et notre curé. Les républicains veulent nous donner le gouvernement du curé; les bonapartistes tiennent, au contraire, pour le maire.

» Notre curé est, en effet, un républicain actif, marchant avec les cagouillards (¹) et se mêlant de nos affaires locales. Or, les républicains de notre commune acceptent cela, et se mettent même derrière cette soutane pour attaquer MM. Thibaud, Dodart, Bridier, Chambaud, en un mot tous les meilleurs et les plus honorables propriétaires de chez nous.

» Notre population est trop intelligente pour se laisser prendre à cette alliance radicale et cléricale... »

Et, sans désemparer, l'illustre Dodart, « conservateur actif » tenant en main la page glorieuse, arrêtait les passants et surtout les curés de son quartier de Saint-Martin de Cognac pour leur faire part de cette ébahissante rodomontade! « Ce curé, disait-il, est un homme de rien; hélas! il ne sait pas se tirer d'affaire. »

Du reste, tout entier à ses études, le curé attendit de pied ferme. Allait-il être congédié brusquement de la paroisse de Merpins, et cela, *sous trois jours*, comme autrefois de celle de Saint-Même; c'était assez probable. Déjà il demandait à plusieurs honnêtes propriétaires de son voisinage s'ils lui permettraient de transborder son mobilier sous leurs hangars, en attendant qu'il pût se retirer définitivement du saint ministère. Tous l'assuraient de leurs bonnes dispositions et de leur indignation contre le Carabas merpinien, émule du premier, contre le sieur Pantinien et le faible évêque. Le curé proscrit n'ignorait pas que, parmi ses confrères, il y en avait à qui sa tranquille loyauté, son effacement même, portaient ombrage, ainsi qu'autrefois les avaient offusqués sa science, ses travaux dans le développement des vocations ou ses prédications aux lieux où on le sollicitait de se faire entendre. Pourtant l'Ido-

(¹) Habitants d'un faubourg de Cognac qui valent bien leurs détracteurs.

ménée épiscopal se tint coi pour le moment, comme si tous ses griefs contre le curé s'étaient évanouis subitement. Des âmes généreuses n'en dénoncèrent pas moins au curé les excitations par lesquelles on cherchait à indisposer sans cesse contre lui le *prélat conservateur*, et l'engageaient à profiter du plus léger répit pour changer de diocèse, comme s'il lui eût été possible, même par ce moyen, d'éviter de nouvelles persécutions!

Plusieurs des lettrés avec lesquels le curé, proscrit pour la seconde fois, se trouvait en relation pour la composition de ses ouvrages, lui disaient : « Si votre évêque croit se recommander, lui et son entourage, par des décisions comme il en a pris une à votre égard, en vous ôtant brusquement de Saint-Même, il se trompe beaucoup; et s'il croit augmenter l'estime qu'on a pour son administration en vous persécutant de nouveau pour complaire à une autre coterie, il s'abuse plus encore. »

Encore que les deux textes autoritaires que nous avons transcrits aient un caractère presque bénin, si on les compare à beaucoup d'autres de même origine, il se rencontrera peut-être des esprits irréfléchis ou intéressés à soutenir une tyrannie dont ils ne se font pas faute de dicter ou d'exploiter les décisions, pour dire qu'il ne semble pas permis de livrer à la publicité des lettres confidentielles, etc. D'abord une cabale aurait mauvaise grâce à donner le nom de confidentiels à des actes relatifs à des dénonciations continuelles. « Ce que trois personnes savent n'est plus un secret, dit le proverbe. » Or, le délateur, le dénoncé et le prince, cela fait bien trois. Si, maintenant, on considère que bien souvent, ne se tenant pas de joie, comme à Saint-Même en 1878 et à Merpins en 1881, les délateurs, nombreux et loquaces, vantent tout haut leurs moyens d'influence, savoir la faveur des grands : conseillers généraux, marquis, généraux de division, puissantes matrones ou *fidèles-graves*, l'or à verser pour les bonnes œuvres, etc., etc; annoncent eux-mêmes d'avance le texte précis des lettres que va recevoir le dénoncé, il est impossible d'appeler confidentiels des trames et des documents aussi retentissants. Ce n'est pas tout : quand l'indignation populaire y répond par une pétition ou protestation, il est évident que cette seconde phase annulerait au besoin l'état privé de la première.

Autre remarque : s'il prend envie à l'homme de bien, dénoncé à l'Évêché par la jalousie nobiliaire ou par celle des *fidèles-graves*, de consulter un avocat retors dans les détours de pareilles chicanes, et si celui-ci ne voit pas de moyens plus propres que la publicité pour conjurer de telles machinations ; si même cette simple communication, connue ou appréhendée, a souvent suffi à contenir un prince bénévole ou intéressé pour son trésor, comme les seigneurs féodaux, à recevoir tant pour les plaintes, tant pour les délations, etc., et encore des deux parties, s'il vous plaît ; loin de se plaindre de la divulgation de pareils documents, tous les gens de bien doivent s'en réjouir sincèrement.

Dans tous les cas, lorsqu'une délation se poursuit contre le même homme, à tort et à travers, pendant cinq ou six ans, tous les axiomes du droit se lèvent du même coup, car il est évident que l'on se trouve non pas en face d'une « accusation sérieuse », comme le disait jadis l'empereur Constance Chlore, mais *en face d'une intrigue misérable*. On peut donc appliquer à l'administration, stipendiée ou non, qui reçoit de telles plaintes, le mot célèbre de l'empereur Valens : « Il est plus funeste à un État d'être à la merci des délateurs que de se voir envahi par les barbares. » (Cantu, *Histoire univ.*, tome VI, pag. 165.)

C'est bien alors que les délateurs font la pluie et le beau temps dans la principauté, distribuent à leur gré les faveurs et les disgrâces. Se plaindre de ceux qui réagissent contre un tel état de choses, c'est montrer, ni plus ni moins, que l'on est dupe ou complice. Loin donc de blâmer à cet égard le publiciste, il faut le combler de louanges méritées, puisqu'il contribue à dégager la civilisation d'une recrudescence de barbarie féodale.

CHAPITRE II

Succès de la cabale seigneuriale. — Abattement moral du Prélat, en 1883. — Grande parole de M. de Hardemberg. — Le journal *la Charente* flétrit impunément ce genre d'administration. — Réflexions pratiques. — Suspension et révocation de Pantinien. — Pantomime de Mme de Bois-Sec et de ses suivantes au départ de l'instituteur Pivetaud. — L'adjoint délégué Chambaud est élu maire en 1882, et le seigneur Edmond, qui avait dédaigné autrefois les fonctions de maire, devient adjoint. — Candidature du marquis de T. au conseil d'arrondissement. — Lutte entre les concurrents. — Vaillante riposte de M. Planat, conseiller général et maire de Cognac. — Discours d'un orateur de village en faveur de l'élection Dodart. Échec de ce futur marquis. — L'orateur Pistolet est congédié de la maison Martell. — M. Ferdinand Clerc, commissaire enquêteur, et le projet incroyable de la mairie merpinienne. — *Un rusé Conservateur;* poésie octosyllabique. — Polémiques diverses. — Révocation du maire Chambaud, en 1883. — Hugues-le-Grand (Dodart), le faiseur de maires, refuse de prendre en charge la mairie merpinienne. Il est suspendu, puis révoqué. — Élégie sur la chute du César et de ses deux lieutenants. — Polémique entre le jongleur du marquis de T. aussi dénommé le Grand Oriental, et ses adversaires dans la *Constitution* et l'*Ère nouvelle.* — Les derniers maires de Merpins au commencement de 1884. — Curieux problème qui se pose dans la région.

Après l'élection qui, grâce à ces artifices, se fit toute au gré du Carabas merpinien, la coterie eut beau ramasser sa haine et sa rancune dans un suprême effort, faire même interpeller le proscrit durant la retraite ecclésiastique, au mois de juillet suivant, tout alla *decrescendo.* Devant la chambre ardente organisée pour le juger, il comparut le front haut et le visage serein, se répétant, au sujet de l'évêque, la belle expression que l'histoire attribue à M. de Hardemberg, parlant de Napoléon Ier, en 1806 : « Il est douteux qu'un homme si implacable en face du malheur sache supporter l'infortune avec dignité. »

Et, en effet, il devait être donné au proscrit de revoir le *saint* prélat deux ans plus tard, en 1883, cinq ans après sa violente éviction de Saint-Même; et il ne lui semblait plus reconnaissable. Des courtisans, race abjecte qui endort le prince de ses compliments, au moment où elle se prépare à le trahir, cherchaient à conforter son courage, et n'y parvenaient que faiblement. Comme les autoritaires qui n'aiment pas à voir mettre en doute leur infaillibilité, il avait toujours le cœur gros d'avoir vu son despotisme épluché et flétri dans le journal *la Charente,* d'une façon si habile et si véridique, qu'il ne savait où trouver la moindre réplique. On eût été bien aise, dans son entourage, de faire porter au curé de Merpins la plus forte part de responsabilité; mais le plus épais bon sens s'opposait à ce qu'on y vît autre chose que la main de

plusieurs courtisans raffinés, évidemment passés maîtres dans l'art
des voltes-faces. Nous ne citerons que quelques lignes du numéro
du 12 avril 1883, qui nous a été gracieusement communiqué par
des laïques. L'article est intitulé : « *La Persécution.* »

« Le mardi et le jeudi de la semaine de Pâques, M. Sebaux appelait
à Angoulême, en deux séries, les archiprêtres et les doyens, curés
inamovibles, pour les entretenir de la lutte qu'il soutient contre le
gouvernement de son pays. Un moment, il avait eu l'idée de lancer
un ou plusieurs mandements contre le ministère et les lois récemment mises en vigueur... Mais, en habile homme, il a préféré
parler, et, sans aucune responsabilité à encourir, lancer sa meute,
qui n'a pas tardé à donner de la voix dans nos 29 cantons. »

Ces écarts de langage ont amené des suppressions de traite-
ments ecclésiastiques, parce que l'évêque se refusait obstinément à
déplacer les délinquants, essayant par là de causer un nouvel
embarras au gouvernement français. Et cependant, quand on sait
avec quelle facilité les évêques, qui s'intitulent les « pères des prê-
tres, » changent çà et là les desservants, on a lieu de s'étonner
du refus de l'évêque de changer quatre desservants seulement.

« D'après ce que nous savons, que faut-il pour s'attirer un trans-
fert? Un mécontentement du château, une plainte de quelque
fidèle-grave, une petite lettre d'une bonne sœur, un manque
d'empressement auprès du prélat en visite pastorale. »

Dans d'autres numéros, on avait blâmé « ces nominations de
favoris, sans capacité pour la plupart, auxquelles le gouvernement
s'était vu obligé de refuser son acquiescement ». On ne pouvait
comprendre qu'une piété fausse et une flatterie empesée tinssent
lieu de science et de mérite. D'ailleurs, à s'en tenir simplement au
mot du célèbre Montaigne, on avait cent fois raison : « Celui qui
néglige la science fait un mauvais calcul. »

Si le marquis de Merpins et son substitut, le célèbre Pantinien,
semblaient à la longue se lasser de poursuivre le curé de leur
paroisse, ils se rattrapaient, du moins, dès 1881, en continuant
la guerre sourde qu'ils faisaient à l'instituteur depuis deux ans.
C'était M. Pivetaud, remplaçant M. Laidet depuis 1879. Le
banquet organisé en octobre 1879 pour l'installation du buste de
la République, buste dû à une souscription, bien entendu, avait
mis en saillie, une fois de plus, la mauvaise volonté, le manque

de bonne foi de la municipalité merpinienne. Deux conseillers municipaux seulement, MM. Turpeaud et Bergeron, avaient fait acte de présence et d'adhésion au gouvernement; les autres le combattaient à la fois par leur inertie et leur maladresse, en continuant à tourner dans le même cercle. Pourtant un nouveau sous-préfet, lassé des infractions de toute sorte que se permettait M. Pantinien, avait enfin obtenu sa suspension le 27 octobre 1881 et, cinq jours après, sa révocation définitive. Consignons, pour l'honneur sacré du Gouvernement, les noms de MM. Cleftie et Chauvin, préfet et sous-préfet, qui ont si bien mérité de la patrie merpinienne en ces jours néfastes. Suivant une spirituelle expression de M. Serres, conseiller municipal de Cognac, dans un toast porté au banquet merpinien de 1879 : « N'ayant pu arracher au maire-dentiste la dent molaire qu'il avait contre la République, on l'avait, du moins, rendu (ce maire) à la vie privée. »

Peu de temps après, M. l'instituteur Pivetaud recevait une autre destination. Ce fut l'occasion pour le maire et le garde-champêtre de recommencer un tintamarre des plus grotesques. Abandonnant l'idée d'un feu de joie à son départ, Mme de Bois-Sec, sa fille et plusieurs personnes avinées organisèrent une petite ripaille et une danse ronde sur le bord même de la grande route. Les journaux du pays reproduisirent, à titre de curiosité, ces insanités où figurèrent d'anciens habitués de la prison.

Un homme d'une suffisance presque aussi grande que celle de Pantinien, mais d'une mauvaise foi moins insigne, avait obtenu les honneurs de l'écharpe municipale, par délégation d'abord, puis par élection en 1882. Enflé de cet honneur, comme la grenouille de la fable, de l'envie d'égaler le bœuf, le nouveau maire parut s'abstenir dans les premiers temps de se montrer hostile au gouvernement; mais bientôt ses deux mauvais génies, c'est-à-dire le marquis et Pantinien, l'excitant, il versa dans la même ornière que son prédécesseur.

Avant d'exposer les événements qui amenèrent sa chute, parlons des incidents qui signalèrent l'élection au Conseil d'arrondissement pour le canton de Cognac, en 1883.

De chaque côté, trois candidats se trouvèrent en présence : M. Gabriel Dupuy, conseiller sortant, M. Dodart, notre marquis, et M. Moullon, ancien président du tribunal de commerce. Tous se qualifiaient de conservateurs-libéraux, c'est-à-dire de monarchistes, probablement orléano-bonapartistes. Ils avaient pour concurrents

MM. Combaud, premier adjoint de Cognac, Brisson, propriétaire et conseiller municipal, et M. Clerc, adjoint au maire de Richemont. La lutte promettait d'être vive et chaude, comme elle le fut, en effet. Les professions de foi s'inspiraient des passions politiques de chacun plus encore que des affaires sérieuses qui sont le propre de ce mandat et que, suivant nous, les candidats ont le tort de ne pas étudier pratiquement pour les signaler à l'avance nommément et expressément. Les concurrents firent plusieurs conférences dans chaque commune du canton. A Merpins, on ne vit pas sans étonnement un tout jeune conseiller municipal, ouvrier tonnelier, ouvrir une conférence presque en plein vent pour appuyer son patron de l'élection précédente, M. le marquis de T... Dans le fatras et le galimatias presque incroyable qu'il mit près d'une heure à débiter, il maudissait tour à tour les républiques grecque, romaine, italienne et la révolution de 1789, auxquelles il trouvait le moyen d'accoler la bataille d'Austerlitz et la guerre de 1870. Le maire déchu assistait à la réunion, dans un ébahissement d'admiration sans pareil, avec une quarantaine d'électeurs de toute nuance. Heureusement pour lui, le marquis conservateur avait d'autres moyens plus efficaces pour s'assurer la majorité merpinienne. Chose très étonnante et qui marque bien son peu de perspicacité : il avait accepté les fonctions d'adjoint après avoir dédaigné celles de maire. Au fond, c'était se rendre vulnérable sans y gagner absolument rien, puisqu'il pouvait diriger la commune ou, pour mieux dire, son marquisat, à sa guise, sous n'importe quelle dénomination.

La concurrence devait promptement dégénérer en personnalités. M. Planat, maire de Cognac, élu président du comité républicain, avait invité les trois candidats conservateurs à venir exposer, dans une assemblée publique, leur façon de comprendre le mandat qu'ils sollicitaient; même invitation avait été faite aux candidats républicains. Il n'en fallut pas davantage pour mettre le feu aux poudres, c'est à dire pour faire éclater deux des conservateurs, M. Moullon et son associé le marquis de T... Voici en quels termes ils s'adressèrent à M. Planat :

« *M. PLANAT*, *maire, etc.*

» Vous voudriez, samedi, sous prétexte de réunion publique, ameuter contre moi certaines personnes dans la salle du Châlet : c'est votre droit peut-être, mais je doute que ce soit votre devoir. Non, Monsieur le Président, je n'irai pas servir de cible aux criailleries de quelques personnages, etc.

» Signé : S. MOULLON, négociant, etc. »

A la date du 11 août, M. Dodart renchérit encore :

« M. PLANAT DE LA FAYE, ancien député,
maire de Cognac, président du Comité républicain de Cognac.

» MONSIEUR,

» Dans une lettre rendue publique, l'honorable M. Moullon vous a donné les raisons de son refus d'assister à la réunion du Châlet. Ces raisons sont les miennes. Il vous a donné, en même temps, une leçon de tenue. Je trouve cette leçon méritée...

» Je n'aurais pas, vous vous en doutez bien, la naïveté de compter, pour la protection due à l'exposé de doctrines adverses, sur l'impartialité de votre autorité... A quoi bon, dès lors, toute cette mise en scène? Ne suffit-il pas, pour les électeurs du canton et de la ville, qu'ils nous voient, vous d'un côté, moi de l'autre? Cela en dit plus long, croyez-le bien, que tous les programmes?

» Recevez, etc,

» E. DODART,

» *Négociant, juge-suppléant au tribunal de commerce, etc.* »

Malheureusement pour eux, ces Messieurs avaient à faire à forte partie. La réplique ne se fit pas attendre; elle fut aussi mordante qu'incisive.

« Réponse à MM. MOULLON et DODART.

» Monsieur DODART, tout court,

» Les homélies du révérend Père Moullon me laissent absolument indifférent. Mais lorsque, gravement, opinant du bonnet, vous y répondez : *Amen;* lorsque, plus gravement encore, vous jugez à propos de m'en faire part, mon indifférence se change en la plus copieuse gaieté. Entre nous, Monsieur, qu'êtes-vous pour moi et que m'importe votre opinion? Président du Comité républicain, j'ai été chargé par lui d'inviter à une réunion publique les trois candidats fantaisistement intitulés : « *Conservateurs libéraux.* »

Cette invitation a été faite en exécution du mandat qui m'avait été donné et dans les formes et les termes les plus courtois. Vous n'aviez donc aucune raison d'y répondre par des personnalités. D'autre part, si vous aviez pris au sérieux vos devoirs de candidats, vous l'auriez acceptée sans hésitation. Mais vos collègues et vous, ainsi que vous le dites, « n'avez point le goût des réunions publiques... » Quant aux inconvénients que vous redoutiez, vous pouviez les prévenir en provoquant vous-mêmes une réunion, en en formant vous-mêmes le Bureau et en y invitant les candidats républicains. Je vous affirme qu'ils n'eussent point décliné votre invitation... Vous avez aussi parlé de « cynisme et de pièges ». Depuis le 2 décembre, les candidatures officielles de l'Empire et le 16 Mai, Monsieur, les gens de votre parti... n'ont plus le droit d'adresser ces gros mots à personne. On ne saurait surtout les tolérer dans la bouche de l'ex-adjoint royaliste de Cognac et de l'ex-maire bonapartiste de Merpins, dont personne n'a oublié les procédés électoraux.

» Il me reste à vous dire que, sur le dernier point de votre lettre, je suis entièrement de votre avis. Il suffit que les électeurs vous voient d'un côté, vous et vos amis, pour qu'ils aillent de l'autre...

» *Le président du Comité républicain,*

» O. PLANAT. »

Les commentaires abondèrent de toutes parts, et les rieurs ne furent plus du côté du petit marquis. On a beau être millionnaire, l'esprit ne s'achète pas pour de l'argent, et le tact, le sang-froid, l'à-propos, la profondeur et la finesse qui percent dans cette réplique accablèrent les ennemis du parti républicain. M. Dupuy, le seul qui eût compris que si la parole est d'argent, le silence est d'or, conserva ses positions. MM. Dodart et Moullon restèrent sur le carreau; MM. Combeau et Brisson l'emportèrent; M. Clerc éprouva un échec.

Peu de jours après, dans ce même mois d'août 1883, l'orateur à qui est demeuré le surnom de *Pistolet* était congédié de la maison Martell sous l'inculpation d'un vol d'eau-de-vie, du moins d'après ce qu'en publia le journal *la Constitution*. Pour un *conservateur* émérite, le cas était embarrassant, même pour le parti; car l'orateur Pistolet écrivait dans les journaux, notamment dans l'*Ère nouvelle*. On lui attribuait même un entrefilet où le curé de Merpins, qui n'en prenait point souci, était signalé comme « chauffant à blanc l'élection républicaine, et s'efforçant, mais sans succès, de faire entrer dans la salle le plus possible de libres-penseurs! » L'invention ne manquait pas d'originalité. Il fut bientôt payé de retour, sous cette rubrique :

Un rusé Conservateur.

S'il est un mot dont on abuse
C'est celui de *conservateur*;
Pour cacher sa fourbe et sa ruse,
Il sert à maint et maint voleur.
Ce mot est très heureux, en somme,
Pour duper certain électeur,
Paysan, naïf et bonhomme,
De « Pistolet » admirateur.

Sieur « Pistolet » était l'oracle
D'un troupeau de dindons chez nous,
Quand soudainement la débâcle
Met l'orateur dessus dessous.
Son siphon plonge avec délices
Dans les tierçons, dans les quarteaux;
Le *cognac* monte aux orifices,
« Pistolet » emplit ses tonneaux.

Martell, ton fût vide résonne
Déjà d'un son retentissant,
Le voleur, que nul ne soupçonne,
Pompe le cognac jaunissant.
Mais le jour vient où la ficelle
Se casse, et le grand orateur
Est pris au piège de plus belle.
Ah! plaignez ce conservateur.

Et de honte, un épais nuage
Assombrit les politiqueurs;
De « Pistolet » l'affreux naufrage
A rejailli sur les claqueurs.
Pour lui, sans demander son reste,
Il s'est enfui piteusement,
Hué, sifflé comme une peste,
Et, penaud, rentre au logement.

L'illustre marquis merpinien ne cessait d'imposer ses caprices à la municipalité, sa vassale. Voyant que l'on manquait d'une salle de mairie, il s'était avisé de céder *par contrat* une bicoque à lui revenant par suite de l'expropriation d'une pauvre veuve et de ses deux filles, ses débitrices. Il avait, paraît-il, promis de restituer la maison, après s'être couvert de son prêt sur les propriétés; mais le souvenir de cette promesse s'était envolé loin de sa pensée; il avait rejoint les jours de son adversité d'antan, alors qu'il importunait des cris de sa détresse les hommes et les dieux. Bref, cette bicoque lézardée, en ruine, il ne suffisait pas de l'imposer à la municipalité, il fallait encore la faire agréer de l'administration supérieure. Or outre qu'elle ne convenait pas au but qu'on se proposait, M. le marquis de T... voulait tout bonnement 800 francs de plus qu'elle ne fut estimée. Après une seconde enquête *de commodo et incommodo*, M. Clerc, commissaire enquêteur, conclut purement et simplement au rejet de la maison Dodart, et ses conclusions furent agréées en haut lieu. Cela ne faisait ni le compte du maire, ni celui de

Pantinien et des orateurs turbulents. Le maire excitant le tumulte au lieu de l'apaiser, le commissaire eut la plus grande peine à s'acquitter de son mandat. Cette conduite du maire Chambaud, déférée à la préfecture, lui valut une suspension, puis une révocation en règle en novembre et décembre 1883. Quel coup terrible pour M. le marquis, son patron! Invité à prendre en charge les fonctions de maire, il répondit en donnant sa démission. Voici comment l'*Ère nouvelle* rapporte ces faits dans son numéro du 6 janvier 1884 :

« La commune de Merpins est vraiment bien malheureuse! M. Thibaud, son maire, a « gravement manqué à ses devoirs »; M. le préfet de la Charente l'a suspendu, puis révoqué. M. Chambaud, adjoint, a « gravement manqué à ses devoirs », M. le préfet l'a suspendu par son arrêté du 13 décembre dernier. M. Edmond Dodart, adjoint, a « gravement manqué à ses devoirs », M. le préfet l'a suspendu par un autre arrêté du 24 du même mois.

» Rien que de mauvais maires! Quelle fatalité! L'histoire n'en fournit pas un autre exemple! Rome a eu Domitien, mais il succédait à Titus; Commode avait été précédé des Antonins. La France respire sous le règne bienfaisant de Henri IV, après les derniers Valois, Merpins ne compte que des tyrans! M. le préfet Rivaud, qui est un grand *justicier,* est obligé d'en faire une véritable hécatombe, etc. »

Et le complaisant narrateur cherche à disculper ses clients. Il en vient même à rejeter l'odieux de ces mesures sur M. Clerc, qui, dit-il, a rendu les arrêtés!

Voici la curieuse lettre que le seigneur Edmond répondait à M. le sous-préfet :

« Merpins, le 15 décembre 1883.

» MONSIEUR LE SOUS-PRÉFET DE L'ARRONDISSEMENT DE COGNAC,

» J'ai l'honneur de vous renvoyer sous ce pli l'arrêté préfectoral que vous avez bien voulu m'adresser, et que je n'ai pas cru devoir notifier au maire, les faits qui lui sont imputés n'étant pas, pour moi, démontrés. Dans ces conditions, il ne me reste qu'à vous offrir ma démission d'adjoint du maire de la commune de Merpins.

» Agréez, etc.

» E. DODART, *ex-adjoint.* »

Sur son refus de remplir, au moins provisoirement, les fonctions de maire, le sieur Dodart fut suspendu, puis révoqué; il n'en écrivit pas moins par forfanterie une lettre de remerciements à M. le sous-préfet.

Il n'en fallait pas tant pour exciter la verve d'un homme vilipendé par ces incapables.

Sur la déchéance du César merpinien et de ses deux lieutenants, les maires révoqués.

ÉLÉGIE

Ils sont tombés, ces trois hommes vaillants,
Sans susciter aucun des assaillants
Qu'ils se flattaient d'entraîner à leur suite;
Ils sont tombés pour leur folle conduite.

D'Edmond, qu'anime encore un grand dessein,
Conservateurs, plaignez tous le destin.
Pour mieux dauber, croit-il, la Républiqüe,
Il s'embarrasse en sa lourde réplique.

O Merpiniens! plantez de noirs cyprès
Sur les grandeurs qui croulent de si près,
Où Pantinien et le héros des plaines (¹),
Tombés du char, laissent flotter les rênes.

— La République: « Ils ne revivront pas
» Ces deux féaux du petit Carabas;
» Je ne crains rien de sa vaine jactance,
» Il quête un roi quand j'ai pour moi la France. »

Dans un genre à la fois comique et burlesque, un autre lettré, poète à ses heures, voulut aussi dire leur fait à nos héros :

Ils ne sont plus !!!

Ils sont tombés, comme tombent les braves,
Ces trois vaillants, ces vrais conservateurs!
O Merpiniens! vous dormiez sur des laves;
Ils sont tous morts, hélas! morts en vainqueurs.

Votre marquis a trop d'intelligence,
Trop de savoir et trop de ventre au cœur,
Pour se plier à cette sale engeance,
Lui, le valet d'une vaine Grandeur.

(¹) Le deuxième Maire révoqué, braconnier.

Mon cher Edmond, l'histoire viridique
Dira de toi que tu fus grand et preux ;
Tu veux un roi, mais non la République,
Ventre Saint-Gris, nous t'en voterons deux !

Philippe sept pour toi vaut bien la messe ;
Que tes féaux braillent : Vive Plonplon !
Aux bords du Pô fit-il avec prestesse
De grands efforts au fracas du canon !

Mes vieux amis, croyez mon expérience,
Contentez-vous de semer choux et raves :
Politiquer avec votre ignorance,
C'est se moquer des choses les plus graves !

C'était plutôt une amorce pour exciter le prince Edmond et sa suite, qu'une agression ou une riposte. Le morceau de résistance ne devait venir que plus tard. Une réfutation vigoureuse en prose, émanée de M. Clerc, que l'illustre Dodart et ses féaux accusaient d'avoir pesé d'un grand poids dans l'affaire de leur révocation, suivit de près. Le marquis en herbe devint furieux pour tout de bon, et il ne trouva rien de mieux que de stipendier un littérateur d'occasion pour commettre une espèce de réponse dans l'*Ère nouvelle aristocratique*, à la date du 31 janvier 1884.

Merpins. « ... Il circule dans nos villages une certaine pièce de vers, dans laquelle l'un de ses auteurs prétend avoir pour lui la France !

» La France est avec lui ! Veut-il dire par là que son opinion républicaine, plus au moins radicale, est celle de la France entière ? Eh bien ! comptons ! Il résulte des documents officiels que le nombre des électeurs inscrits pour toute la France est de 10,352,274, et que tous les candidats républicains n'ont obtenu que 4,548,476 suffrages, c'est à dire beaucoup moins de la moitié des électeurs inscrits.

» Si donc l'auteur de la pièce de vers appartient à l'opinion que représentent ces 4,548,476 électeurs, il ne saurait contester qu'il fait partie de la minorité qui gouverne actuellement la France, et que, par conséquent, la grande majorité des électeurs n'est pas avec la coterie qui persécute notamment les citoyens indépendants de Merpins et de Boutiers-Saint-Trojan.

» En attendant que cette douce et pacifique coterie ait trouvé quelques nouvelles hâbleries à répondre à cet argument mathématique et, par conséquent, inéluctable, etc..., voici les strophes que je vous prie d'insérer, en réponse à celles de nos trois Horaces en recherche de célébrité :

Aux trois quidams de la Bouille-à... Claire.

I

Et la France est à lui! quelle dérision!
A peine eut-il vingt voix en sa propre commune!
Quel beau rayonnement pour un tel clair... de lune;
C'est un astre qui luit comme un noir scorpion!

A Montvallon, l'on dit que c'est l'épître... à Claire,
A Merpins, on répète, et ce n'est pas nouveau,
Qu'un tout noir habitant non loin du vieux château
Aurait tramé la chose! Imprudent Bélisaire !

Avec ces Arlequins, qui voudrait se commettre?
Dans les champs du Parnasse on n'admet pas de clerc,
Ni le chant du corbeau, — dont aurait ri Mauclerc,
Malgré ses *oremus* de plus d'un kilomètre.

Tout était sur le même ton, frivole et étranger au débat. Un tel article méritait néanmoins une réponse, ou plutôt une leçon. Elle ne se fit pas attendre.

Au jongleur du marquis de T.

TROIS LEÇONS DANS UNE : LEÇON DE GRAMMAIRE, D'ARITHMÉTIQUE ET DE PROSODIE.

« Monsieur le Directeur,

» Bien que le dernier article de l'*Ère nouvelle,* sous la rubrique « Merpins, » 31 janvier 1884 », fasse hausser les épaules de pitié à tous ceux qui ont eu la patience de le lire, on ne saurait l'attribuer au hobereau merpinien. Au moins s'est-il souvenu qu'au moyen âge, temps qu'il aurait à cœur de faire revivre, certains féodaux avaient des jongleurs, bateleurs ou ménestrels qui allaient débiter des boniments dans les foires, et il en a loué un qui se trouve être précisément le poète parasite de l'*Ère nouvelle,* le même qui nous fait sourire avec ses langueurs de Céladon..... Aujourd'hui, cet étourdi, vient prêter à M. le marquis le concours de son talent, sans faire merveille.

» I. — En grammaire il ne distingue pas encore le masculin du féminin. La République, personnifiée par le poète dans l'élégie, dit en parlant du petit Carabas merpinien :

> » Je ne crains rien de sa vaine jactance,
> • Il quête un roi, quand j'ai pour moi la France.

» A la place de la République, il met le chroniqueur. Or, la République a pour elle la France, parce qu'elle est le seul gouvernement légal, le seul consenti, proclamé, qui ait droit à l'obéissance et au respect de tous les bons citoyens. Elle s'appelle sans usurpation ni forfanterie : RÉPUBLIQUE FRANÇAISE — c'est assez.

» II. — Mais où le jongleur justifie bien son nom, c'est dans la prestidigitation arithmétique : « Il y a, dit-il, 10,352,274 électeurs inscrits, et les candidats » républicains n'ont obtenu que 4,548,476 suffrages, c'est à dire moins que la » moitié des électeurs inscrits. D'où cette conséquence que c'est la minorité qui » gouverne la France, etc. »

» D'abord, c'est assez singulier pour des malins comme le marquis et ses compères, de se laisser gouverner par la minorité. Ensuite, que font-ils donc, eux, Messieurs de la soi-disant *majorité,* si pressés de renverser la République, de tous ces non-votants, au lieu de les entraîner une bonne fois à l'assaut pour exterminer ce gouvernement de la minorité? Ou bien, mon pauvre jongleur, vous débitez sérieusement — j'aime à le croire — une ineptie, ou bien vous faites passer vos patrons pour des lourdauds. Si vous êtes capable de raisonner un peu plus que de comprendre la grammaire et la prosodie, considérez avec le bon sens :

» 1° Que l'abstention d'un électeur ne vous autorise pas plus à le compter pour vous que contre vous, à moins que vous l'ayez acheté et qu'il se soit ensuite moqué de vous. Et à ce propos, Messieurs de la majorité, combien vos candidats ont-ils donc obtenu de suffrages? Et puis, ne faut-il pas être d'une jolie force pour faire parler les gens qui ne disent rien? La dame Sernin, qui disait la bonne aventure aux *fidèles-graves* cognaçaises en 1879, est distancée par votre charlatanisme ([1]).

» 2° Que les compétitions rivales s'annulent, des gens comme votre patron le marquis de T... ayant été tour à tour bonapartistes, orléanistes, voire même républicains. Vous vous récriez ! *Bonapartiste,* d'abord, c'est avéré et même commissionnaire de cette politique, comme vous l'êtes de la sienne, moins le désintéressement, bien entendu. *Légitimiste,* car notre marquis en herbe n'est pas assez brave pour aller gagner ses titres nobiliaires sur les champs de bataille ; il préfère les devoir aux parchemins qu'on achète à beaux deniers dans les chancelleries monarchiques. *Républicain,* d'après le proverbe que vous avez tenté d'accréditer : — « *A quoi quencussis-tu un républicain, toi Jacquet? — Ah! maladret, tu n'as qu'a zi faire faire le chàgne dret, o ne cherra point d'argent de sé poches.* »

» Or, entre nous soit dit, n'était-ce pas un peu le cas de notre marquis en 1866,

([1]) Cette rusée commère prétendait constater ou deviner par les cartes les fredaines des maris et les bonnes fortunes réservées, par contre, aux pauvres délaissées, les *dévotes sérieuses, désolées !*

avant qu'il ne se fût enrichi par le courtage des liquides de toute provenance? Il est devenu riche, parce que, sans doute, comme le dit Charles-Quint, la Fortune, qui est *femme* et qui aime surtout les jeunes gens, l'a comblé de ses faveurs! Cela ne devrait pas le rendre orgueilleux et lui faire affecter des prétentions aristocratiques, loin de là.

» III. — Enfin, notre poétreau n'a retenu, en fait de prosodie, dans tout son galimatias, que ce mot du maître :

> Et pourvu que la rime arrive au bout du vers,
> Qu'importe que le reste y soit mis de travers!

» Le jongleur aux abois sue et se tortille; il en appelle tour à tour, pour se mettre en verve, au clair de la lune..., à la Claire du Carmel, au clerc des études; il fait rimer le *simple* avec le *composé,* il parle d'*oremus* kilométriques et des paillasses qui ne savent pas gagner leur argent, sans penser que sa propre mise en scène n'est que le spectacle d'un Jocrisse qui fait rire à ses dépens et plus encore à ceux de son seigneur le marquis.

» MORALE. Pendant que le comédien se démène, le spectateur se réjouit tranquillement. »

Ce serait fatiguer inutilement le lecteur que de lui mettre sous les yeux la suite des ripostes échangées entre les deux camps. Le jongleur essaya bien d'attirer son rude adversaire, M. Clerc, de Richemont, sur le terrain des personnalités, mais il n'y gagna rien. Il tenta de le chansonner en lui parlant de l'ancien moulin possédé à Migron par M. Clerc, et qui faisait *de la farine d'esprit de câlin;* il le traita de *jars,* qui s'habillait *en homme du soir au matin,* etc.; tout cela ne prenait pas et lui valut deux ou trois vertes répliques toutes pétillantes de vivacité et d'esprit gaulois. Il n'y eut pas jusqu'au gérant du journal lui-même, le sieur Béraud (Gustave), jadis meunier, ayant perdu dans la manipulation de son moulin deux de ses doigts d'abord, et toute sa clientèle ensuite, qui ne fournît un abondant regain d'hilarité à ses dépens; et désormais tout fut dit sur les ripostes inintelligentes et inintelligibles du marquis et de ses jongleurs cognaçais.

Un homme qui aimait à faire des siennes presque autant que le marquis de T... ne pouvait être oublié :

Les Lamentations de Pantinien.

(Légende merpinienne.)

Souvent je vois maint Merpinien,
Fatigué de ma prépotence,
S'emporter comme un païen,
Et souhaiter ma déchéance,

Car j'ai la rancune profonde
Et le ressentiment amer,
Et je fais trembler tout le monde
Sous ma rude verge de fer.

. . . .

Pourquoi rugir, ô Merpinien ?
Mon règne est près de s'éteindre,
Bientôt je ne serai plus rien,
Justin ne sera plus à craindre.
Rentré dans la modeste vie,
On dira de moi délivré :
« Combien ce tyranneau madré
Débarrasse le bourg, Montignac et Lavie! »

Grisé de ma haute puissance,
Je supportais d'un baronnet
Le joug, la cruelle exigence,
En lui servant de Pantinet.
Mieux vaut donc un modeste rôle
Qu'une dangereuse grandeur,
Et planter chou, navet, scarole,
Qu'être ici maire ou dictateur.

Quand, pour gérer la tyrannie,
J'avais encor tant de moyens,
Faut-il quitter cette mairie,
Et perdre en un jour tant de biens !
J'en étais au premier printemps,
Merpins voyait en moi l'artiste,
Naïf parmi les charlatans,
Et point menteur, quoique dentiste (1).

On abhorrait mon despotisme,
Cognac censurait mes rigueurs;
Contre mon faux patriotisme
Tonnaient magistrats, procureurs.
Rentrons dans l'ombre, ô ma compagne (2)!
Pour y dévorer nos ennuis,
Nous reprendrons cette campagne,
Quand reviendront les fleurs de lys.

Rien ne coûtait à mon audace,
Pour ployer, en petit seigneur,
Quiconque n'inclinait la face
Vers le soleil de ma faveur.

(1) Profession lucrative pour un homme non patenté.
(2) Mme de Bois-Sec.

> Contre eux, délateur intrépide [1]
> Non moins que rigide censeur,
> Et prenant ma fureur pour guide,
> Je vexais prêtre, instituteur.

(1881)

> L'éclair brille, la foudre tombe,
> Le pays au loin retentit.
> Le pauvre Pantinien succombe,
> Nul Cagouillard n'y compâtit;
> La soyeuse écharpe s'envole.
> Précipité du roc Tarpéien
> Et du glorieux Capitole,
> Entre manants gît Pantinien.

(1883)

> Fatale grandeur pantinienne!
> Le suivant a le même sort [2],
> Il choit dans la mer Icarienne,
> Avant d'avoir pris son essor.
> Et le *quos ego!* carabasique [3]
> Se perd dans un vide impuissant :
> Sans affaiblir la République,
> Lui-même tombe en glapissant.

Après la déchéance du seigneur Edmond et de ses deux lieutenants, l'écharpe merpinienne erra un peu à l'aventure, comme
l'arche d'Israël dans le désert. Elle fut confiée à un sieur Pousson,
qui la garda une quinzaine de jours, et qui abdiqua, se reconnaissant
insuffisant à cette charge; elle passa ensuite au sieur Vollaud,
brave homme de la campagne habitant à une extrémité de la
commune et qui délègue souvent le sieur Babonnaud, résidant
plus au centre. De sorte que l'on en est, bel et bien, au sixième
maire dans cet infortuné marquisat. On se pose, à l'égard des
habitants de Merpins, ce problème dans toutes les communes de
la région :

« Les Merpiniens continueront-ils à se proclamer dans toutes
» les élections les très humbles vassaux du marquis, ou bien
» secoueront-ils une bonne fois ce joug qui les avilit et les
» ridiculise? Après que leurs arrière-grands-pères ont aboli la
» féodalité, la réintégreront-ils sur ses anciennes bases, et, comme

---

(1) Cet ignare dénonçait les gens intelligents non propagandistes de sa politique.
(2) Deuxième maire révoqué.
(3) *Ère nouvelle* des 6 et 31 janvier.

» la femme de Sganarelle dans la comédie, s'irriteront-ils contre
» ceux qui travaillent à les émanciper; proclameront-ils qu'ils
» veulent être exploités et battus? »

Voilà ce que l'avenir ne tardera pas à nous apprendre de la façon
la plus indubitable et la plus solennelle.

* * *

CHAPITRE III

Salignac de Pons. — M. Jules Gay ou l'homme d'opposition systématique. — Ars et Gimeux. — L'incident Guimbelot-Yvon, à Gimeux. — Salles-d'Angles. — MM. Longuet et Ciraud, maire et adjoint successivement démissionnaires. — L'important curé de Salles. — Nouvelle donnée dans le journal *la Constitution*. — Genté et la prépotence de M. Pelletan. — Châteaubernard. Énergie et bonne entente de la municipalité de 1881-1884. — Les partis en présence. — Saint-Laurent. — Cognac. — Dilemme qui s'impose à ceux qui briguent des fonctions publiques. — Note sur Richemont.

L'enclave de Salignac, distraite de la grande commune de
Pérignac, a conquis son autonomie, il y a sept ou huit ans. Peu
de communes rurales ont fait d'aussi rapides progrès, grâce au
patriotisme de ses habitants et à la sollicitude éclairée des maires
ou adjoints qui s'y sont succédé. Cette autonomie leur a coûté des
sacrifices qu'ils ont accomplis vaillamment. Durant sa gestion
administrative en qualité de second adjoint de Pérignac, M. Choime
(André), de Monsieulle, avait déjà employé tout son crédit sous
l'ère impériale pour obtenir de bonnes voies vicinales; mais il
était réservé à MM. Coutan et Arrivé, les premiers maires, de
pourvoir au développement de la vie communale sur une grande
échelle. L'aménagement de la chapelle primitive a été suivi de
la construction du local de la mairie et des écoles. Ce n'est pas
que l'opiniâtreté et les visées de quelques politiqueurs attardés
n'aient cherché à enrayer ou à faire dévier le mouvement. Un
des plus originaux qu'il soit possible de signaler en ce genre
s'appelle M. Gay (Jules), habitant au lieu du Pérat. Ne tenant
pas pour un bien véritable tout ce qui s'accomplit en dehors
de son action et d'un régime politique de son choix, il est toujours
en éveil pour faire de l'opposition systématique. Sa vie de propriétaire aisé et pointilleux se passe ainsi à virer de bord et à évoluer
d'un drapeau à l'autre. Tout jeune encore, il embrassa la cause

saint-simonienne avec une ardeur qui inquiétait les plus sincères républicains; revenu, avec l'âge et l'expérience de la vie, à des idées un peu plus modérées, il resta jusque vers la fin de l'Empire un des tenants les plus intrépides du républicanisme, et n'échappa que par miracle à plus d'une bagarre; converti enfin à la cause bonapartiste par l'ancien curé de Merpins, il est resté jusqu'à présent un des plus fougueux réactionnaires de la région. Pourtant, ses sympathies vont aussi à la légitimité féodale, dont « il regrette, dit-il, les temps fortunés ». Évincé du Conseil municipal de Pérignac en 1870 pour avoir soutenu des propositions qui juraient étonnamment avec ses opinions saint-simoni-républicano-bonapartistes, il ne figura plus dans les affaires de Salignac qu'à titre de haut-imposé. Cette ressource lui ayant été ôtée par la nouvelle loi municipale, il s'est mis à faire de l'opposition et de l'agitation sous la forme pétitionnaire. Le projet de la maison d'école et de la plantation d'arbres sur la chaussée du Pérat à Merpins lui en ont fourni une magnifique occasion. Chassé d'une position, il se replie sans cesse sur l'autre, et ainsi de suite, avec une ténacité digne d'une meilleure cause. Il a surtout l'art des grands mots, des termes sonores qu'il accouple souvent d'une façon bizarre ou inintelligible. Le terrain proposé pour l'emplacement de la maison d'école était, selon lui, « mal choisi, concave, trop éloigné du centre de gravité de la commune! »

La municipalité ayant, comme de raison, passé outre à toutes ces boutades et obtenu de l'État une subvention de 16,700 francs, somme presque égale à la dépense qui incombe à la commune, le sieur Gay se mit en campagne pour obtenir une école de hameau, près de sa porte, à deux kilomètres de la première, tout en se plaignant de la surcharge d'impôts qui allait résulter pour la commune des constructions déjà projetées.

Pour s'opposer à la plantation d'arbres sur les bords de la route, il insistait gravement sur ce *que le Pérat, le plus beau pays de la France, allait être transformé en un désert,* si l'on y plantait des arbres. Lui, impérialiste à en revendre au prince Napoléon, importunait les hommes et les dieux de sa plainte amère, et il paraît encore inconsolable de n'avoir pu empêcher la plantation de ces maudits arbres, qui donneront *dans un siècle une ombre nuisible* à sa barrière de cour!

En réalité, pourquoi tout ce potin, sinon pour attirer l'attention des électeurs?

Ars et Gimeux.

Deux communes où l'esprit conservateur se maintient opiniâtrément. Il est cependant à croire que l'ignorance et les préjugés font plus des trois quarts de la conviction des habitants. Cela est vrai, surtout pour la commune d'Ars, plus éloignée des centres et aussi plus routinière de sa nature.

Gimeux ressent déjà quelques velléités d'indépendance. Il obéit encore assez volontiers comme les vassaux d'un simple fief, mais à condition qu'on le dirige avec dextérité, sans trop lui faire sentir le poids de la main qui tient les rênes. Personne jusqu'ici n'a paru plus propre à cette mission que M. Yvon (Charles), maire depuis longues années. Son goût pour l'embellissement de la commune, son amabilité pour ses administrés, même au besoin pour leur sucrer un refus, le servent à merveille.

Retraçons brièvement un dernier incident qui peint bien la situation.

Pour élargir l'assiette du chemin nº 1, il était nécessaire d'occuper une certaine largeur de l'immeuble de M. Guimbelot, ancien instituteur. Ne pouvant s'accorder sur le chiffre de l'indemnité, M. le maire eut l'idée de traiter à l'amiable. Aussitôt le sous-seing passé, on entreprit les travaux. Tout à coup, on apprend que, soit pour faire une niche au sieur Guimbelot, soit pour toute autre cause, M. le maire vient de soumettre ce traité à son conseil et que celui-ci l'a rejeté. M. Guimbelot, voyant sa bonne foi surprise, arrêta les travaux et en appela au contrôle de l'administration supérieure. Le traité, conclu en dehors des formalités légales, fut considéré comme non avenu et on convint de nommer des experts. Le sieur Guimbelot voulait bien en passer par leur décision; le Conseil municipal ne l'entendait pas ainsi. Non seulement ce dernier s'opposa à tout accommodement, mais allant toujours de l'avant, il fixa, de son propre chef, un autre tracé et fit achever les travaux, procédé qui ne manquait pas de raideur. Le sieur Guimbelot fut autorisé à attaquer la commune reconventionnellement.

La première affaire soulève plusieurs questions. On se demande :

1º Pourquoi, n'étant pas fondé de pouvoirs, M. le maire, qui méditait son plan depuis trois ans, d'après ses propres notes, a pris sur lui de traiter au nom de la commune avec le sieur Guimbelot;

2° Pourquoi, se voyant désavoué, il n'a pas profité de la leçon pour résigner ses fonctions;

3° Pourquoi on refuse d'indemniser le réclamant au taux fixé en faveur de M. le maire dans une circonstance semblable;

4° Pourquoi un Conseil municipal s'émancipe de lui-même de la tutelle administrative pour agir arbitrairement et compromettre les intérêts de ses administrés.

Nous ne disons rien des tiraillements et des zizanies qu'entraînent les agissements signalés.

Salles-d'Angles.

Jusqu'à ces dernières années, dans toute la région merpino-cognaçaise, mais surtout à Salles, à Genté, à Gimeux, etc., les élections municipales se faisaient d'après les errements de l'époque censitaire. Les conseillers étaient invariablement pris parmi les plus riches. Salles a été une des premières à rompre avec le passé; mais, par malheur, les nouveaux libéraux ayant souvent manqué de conséquence avec eux-mêmes et de franchise vis-à-vis du public, le parti soi-disant conservateur a gagné du terrain. La commune s'est partagée en deux camps. A Salles, après l'administration Guérin-Pineau, qui n'a pas tenu tout ce qu'elle avait promis, on s'est rejeté, en 1881, vers le parti opposé, représenté par MM. Henri Longuet et Charles Ciraud. A la première déconvenue, le premier a démissionné; le second a rempli par délégation les fonctions municipales pendant plus de deux années. La principale force de M. Ciraud consistait surtout dans l'inertie, « force d'autant plus terrible, dit Vauvenargues, qu'on ne peut la vaincre parce qu'elle ne combat pas »; non toutefois qu'elle manque de confiance en elle-même, quand il lui plaît d'aller de l'avant. L'acte sous-seing privé de résiliation d'un mariage passé sous la direction de M. l'adjoint Ciraud, et que tout le monde a pu lire dans la *Constitution* de Cognac, en est une preuve singulièrement convaincante. M. Ciraud ayant démissionné à son tour, un des plus anciens maires vient de reprendre des fonctions qu'on n'a pu encore gérer avec succès, après les lui avoir retirées à diverses reprises, ce qui démontre une fois de plus que la valeur impétueuse ne peut se passer du sang-froid et de l'à-propos de l'expérience. On rencontre à Salles plusieurs agitateurs auxquels ne manquent ni l'entrain du moment ni l'art de poser les questions et de se recruter des adhérents; mais ils n'ont pas la constance, vertu maîtresse. Au moment où commencent les difficultés, ils se dérobent, pour laisser à un second ou même à un troisième la tâche de les remplacer; et en attendant, tout revient au *statu quo*.

Sur un autre terrain, l'abbé Lutard, curé de ladite paroisse, a su mieux jouer son rôle. Depuis dix-sept ans, il semble n'avoir eu que ces deux idées prédominantes et corrélatives : augmenter son pécule et faire sa cour aux grands. Sous une capacité restreinte, jamais le *moi* n'eut plus d'ampleur. Les discordes intestines des Salliens ont servi à souhait son prestige. Tant de querelles municipales, tant de démissions, tant d'affaires commerciales et politiques l'ont sauvé de bien des enquêtes fâcheuses! Ses espions ou ses favoris n'ont pourtant pas dû lui laisser ignorer les appréciations qui courent les rues, par exemple, sur sa facilité à laisser concéder plusieurs bancs de son église au même paroissien aristocratique, et cela au mépris des règlements concordataires, non moins que de l'esprit évangélique; sur sa tolérance inouïe à l'égard de certains employés de son église, ni surtout sur le curieux article ci-après, inséré dans la *Constitution* de Cognac, numéro du 5 septembre 1883 :

« M. l'abbé Lutard, curé de Salles-d'Angles, aurait été proposé pour la cure cantonale de Blanzac; cette nomination n'a pas été agréée. Pour quelles causes? Qui trouvera la clef de cette énigme?

» Et cependant, l'infortuné candidat est toujours maintenu dans cette importante paroisse. »

Nous ne dirons rien de la curieuse lettre adressée par ce curé à l'un de ses paroissiens, M. Pinard, de Nonac en Genté : c'est un morceau à classer parmi les raretés de notre pays.

Genté.

Cette commune continue à rouler dans l'orbite que lui a tracé d'avance le maire qui la dirige depuis une quinzaine d'années. C'est M. Pelletan, originaire de Chérac, habitant au fief de la Couture, qui recueille en ce siècle l'héritage des anciens seigneurs. Conservateur accentué du côté des tendances légitimistes, comme son patron, le légendaire marquis de Saint-Même, M. Pelletan fait aisément prévaloir ses volontés et impose silence aux frondeurs : d'ailleurs, ce qui manque essentiellement à ces populations accoutumées à une vie facile, c'est le ressort, c'est le caractère qui se retrempe dans les épreuves ou qui s'enhardit par l'esprit de calcul et dans des méditations sérieuses. Le prestige des classes dirigeantes d'autrefois tend à se rétablir à Genté. Les uns s'affaissent sur eux-mêmes, les autres se promettent monts et merveilles de la soumission forcée de leurs vassaux, sans s'inquiéter ni de l'expérience ni du mouvement qui emporte la société tout entière vers des choses inconnues.

Châteaubernard

Cette commune, autrefois petite commanderie soumise aux chevaliers de Malte, a subi bien des épreuves avant de conquérir son autonomie en 1867.

L'esprit de coterie envahissait ce petit pays comme les autres. Tous les conseillers municipaux se réclamaient d'une parenté fantaisiste, et, néanmoins, les rivalités se faisaient jour jusque dans les plus graves délibérations. Les tiraillements succédaient aux tiraillements, rien ne se décidait qu'à une voix de majorité, souvent même qu'à celle du maire, qui restait prépondérante en cas de partage. Dès 1877, fatigués et agacés de tant de discussions stériles, les hommes sérieux songeaient à y mettre un terme. Le scrutin de 1881 porta sur les bancs du Conseil municipal dix conseillers républicains et deux bonapartistes seulement. Par pur esprit de conciliation, la majorité maintint le sieur Héraud dans ses fonctions de Maire. Ce système à la Lafayette « d'un roi entouré d'institutions républicaines » devait finir piteusement. Le maire démissionna, et on élut à sa place le sieur Pinard et comme adjoint M. Lambert, tous deux républicains loyaux et convaincus; puis on se mit sérieusement à l'œuvre. On fit clore le cimetière, réparer la façade de l'église; on ouvrit de nouvelles routes, on fit construire une double maison d'école, une mairie, etc., le tout sans grever la commune plus que de raison, mais en mettant à profit les subventions accordées par l'État; si bien que la commune de Châteaubernard ne paie que douze centimes d'impositions extraordinaires, tandis que les communes limitrophes de Saint-Trojan et Saint-Brice, quoique moins favorisées, paient annuellement vingt centimes du même chef.

Cependant, à Châteaubernard aussi, la lutte se prépare entre les conservateurs rétrogrades et les tenants du régime actuel. On y a préludé par des réunions du parti jadis évincé. Sous le patronage de haut et puissant baron Otard de Lagrange et de plusieurs orateurs cognaçais, on a déjà formé un comité dont l'ancien maire Héraud a été nommé président. Un fait déjà bien remarqué, c'est que là, comme à Merpins, les soi-disant conservateurs ne se montrent pas très scrupuleux dans le choix de leurs recrues; et pour peu que les électeurs deviennent exigeants, il n'y a rien de bon à augurer pour messieurs les conservateurs du résultat de la nouvelle campagne et de l'espoir de déplacer une majorité qui s'est naguère affirmée avec éclat.

Saint-Laurent.

Diffère peu des communes précédentes. Il est de mode, là aussi, non pas d'énoncer les améliorations locales à obtenir, mais de mettre en avant la couleur politique de ses opinions pour les opposer à celles de gens qu'on rêve de mettre à la réforme. Tant de politiqueurs partout et si peu d'hommes doués d'esprit pratique nulle part, quelle pitié !

Nous ne dirons rien de *Louzac*(1) et de son Abélard; c'est un sujet trop connu.

Cognac.

Reflète et domine l'ensemble. A travers les utopies continuent à se réveiller les hommes vaillants, les capacités solides auxquelles doit rester le dernier mot; par là même va grandissant l'esprit démocratique, opposé à l'esprit féodal, au privilège à outrance.

Aujourd'hui, plus que jamais, ce dilemme s'impose à tous ceux qui veulent réellement servir leurs concitoyens dans les fonctions publiques : ou bien acquérir des lumières, étudier sérieusement les questions afin d'y trouver une solution satisfaisante, ou bien rester dans l'ombre qui convient aux nullités manifestes.

Richemont.

Cette petite commune, de 250 habitants, mérite de fixer un moment notre attention.

Ici, comme partout, la politique divise les habitants. La majorité républicaine n'a pas seulement à compter avec ses adversaires, les

(1) Commune voisine.

bonapartistes de céans, mais avec une sorte de fraction du centre qui, s'alliant à la minorité, la renforce et la rend plus compacte : c'est le Petit-Séminaire, dont le personnel (maîtres, élèves plus âgés, domestiques) forme une population mobile se renouvelant sans cesse, et dont les intérêts sont, en réalité, distincts de ceux de la localité. En qualité de curés, les supérieurs ou professeurs se sont appliqués à obtenir tous les bons concours pour la reconstruction de l'église paroissiale ; et, ce but une fois atteint, ils ne cessent, au dire de leurs adversaires, de se préoccuper d'une manière exclusive des avantages matériels qui s'y rattachent.

Le parti au pouvoir a concentré son attention sur la vicinalité et sur les écoles. Faute de candidats bien dressés, le parti monarchico-clérical a dû, jusqu'à présent, s'en tenir aux petits *convenios*, ou bien à l'opposition systématique. Sa critique porte surtout sur l'augmentation des impôts. Il a embauché ses hommes, plusieurs même parmi ceux qui ne supportent aucune charge, et s'est mis en travers de toutes ses forces, soit en critiquant l'assiette des chemins, soit en provoquant la résistance chez les détenteurs de parcelles à exproprier, soit en blâmant les lenteurs administratives dont lui-même était cause, soit en faisant attribuer à ses amis par des experts bien disposés des sommes considérables pour l'élargissement ou l'assiette des chemins, relativement coûteux sur un sol aussi accidenté.

Et pourtant les centimes additionnels, qui ne sont montés qu'à 123 francs par an, ont déjà valu à la commune plus de 30,000 francs de subventions successives : « Revenu pour le moins aussi productif et aussi utile, disent ironiquement les républicains aux conservateurs de toute nuance, que les fonds placés à la banque catholico-royaliste dirigée par Bontoux et compagnie ! »

Les républicains, parmi lesquels M. Clerc n'est, certes, ni le moins spirituel, ni le moins militant, mènent la campagne avec vigueur, défendant ou conquérant pied à pied toutes les positions. Les fermiers, régisseurs ou contre-maîtres des domaines bourgeois se jettent souvent avec ardeur dans la mêlée et donnent la main à ces Messieurs du Petit-Séminaire. La prochaine rencontre dans la lice électorale promet donc d'être d'autant plus vive et la victoire plus disputée.

Les tournées de propagande électorale dans le canton de Cognac de M. Otard de Lagrange (aristocratiquement, en langue d'Érin,

O'Tard), le candidat vaincu des dernières élections au Conseil
général, et de ses assesseurs, ont inspiré au bon solitaire des Fontenelles un nouveau chant humoristique imité de Béranger. Nous le
servons à nos lecteurs comme indice du temps.

La chasse électorale sous le parapluie de famille de Louis-Philippe Ier.

(Air : *Double chasse de Béranger.*)

I

O'tard la Grange et compagnie
Mendient les votes du canton,
Tonton, tontaine, tonton.
Au baron sans la baronnie
On fait la nique sans façon,
Tonton, tontaine, tonton.

II

Le mois de mai les émoustille;
Ils préparent leur élection,
Tonton, tontaine, tonton.
Dans notre campagne, babille
Mayeux récitant sa leçon,
Tonton, tontaine, tonton.

III

Le campagnard, par incurie,
Choisirait-il un tel gascon?
Tonton, tontaine, tonton.
Mieux vaut la Grange en l'écurie,
C'est naturel et de bon ton,
Tonton, tontaine, tonton.

IV

Sous le grand riflart Philippiste
Vient s'abriter la réaction,
Tonton, tontaine, tonton.
Le Cunéo Bonapartiste
Aurait-il lâché son Plonplon?
Tonton, tontaine, tonton.

V

Les préjugés sont d'un autre âge :
Le crime vaut la trahison!
Tonton, tontaine, tonton.
Chambord resta beaucoup plus sage
Et sut respecter son blason,
Tonton, tontaine, tonton.

VI

Belle morale en politique
D'unir le coq à l'aiglon,
Tonton, tontaine, tonton.
Mais notre fière République
S'en gaudit gardant la maison,
Tonton, tontaine, tonton !

CONCLUSION

Par une contradiction qu'il est bon de signaler, les matadors de la *conservation,* qui ont tant déclamé contre le suffrage universel et si souvent déclaré « que l'homme qui n'a pas d'intérêts à défendre ne peut être un bon conseiller municipal », ne rougissent pas de patronner, comme autant de candidats et de créatures dociles, leurs fermiers, ouvriers et journaliers, à l'exclusion des gens aisés, loyaux et fermes dont ils redoutent l'influence. Quelle garantie d'indépendance peuvent offrir de pareils choix ! Aucune, évidemment. Aussi, le peuple, toujours gaulois, dans sa langue imagée et primesautière, a-t-il immédiatement assimilé *à des pantins et à des marionnettes* ces élus que notre machiniste, le marquis de T..., fait mouvoir à son gré, comme ses jongleurs et ses caricaturistes.

Si, par impossible, la restauration des anciens abus, que rêvent certains conservateurs, venait à s'opérer, le siège réel du marquisat ne serait plus à Merpins, mais bien à Cognac. Il embrasserait sans doute toute la partie sud de la cité ; dès lors Merpins n'en serait plus qu'une dépendance. Les Cognaçais ne pensent pas que cet horoscope soit près de se réaliser. Dieu soit béni ! On peut donc répéter, sans crainte, ces autres vers du poète qui raillait naguère si spirituellement les prétentions de son ancien compagnon d'études, le marquis de T...

Pauvre marquis ! pourquoi dans la galère
T'aventurer sans lest et sans biscuit ?
Tu veux lutter contre la France entière !
Mieux vaut cent fois disparaître sans bruit.

Incline-toi, car la Liberté sainte,
Ce doux présent que nous firent les cieux,
A balayé, sans souci de ta plainte,
Tous les tyrans qu'adoraient tes aïeux.

FIN

TABLE DES MATIÈRES

Bordeaux. — Imp. G. GOUNOUILHOU, rue Guiraude, 11.

OUVRAGES DU MÊME AUTEUR :

HISTOIRE DE COGNAC, JARNAC et d'un grand nombre
de localités, etc., grand in-8° de 470 pages. . . . . **5 fr.**
(Paru en 1882.)

En préparation :

LA CIVILISATION FRANÇAISE dans ses questions
capitales, ses principales phases et ses vicissitudes,
grand in-8°, comme le précédent . . . . **5 fr.**

Bordeaux. — Imp. G. GOUNOUILHOU, ru. Guiraude, 11.

www.ingramcontent.com/pod-product-compliance
Lightning Source LLC
Chambersburg PA
CBHW061623060726
47597CB00005B/1782

IIe SECTION

LA PÊCHE DE LA SARDINE

EN BRETAGNE

PAR

M. R. LE BOUR

PARIS

HOTEL DES SOCIÉTÉS SAVANTES

RUE SERPENTE

1910

LA PÊCHE DE LA SARDINE
EN BRETAGNE

Par M. R. LE BOUR

I. — Historique de la pêche de la sardine.

La pêche de la sardine semble avoir été, de tous temps, la principale ressource des pêcheurs bretons.

Au XVIIe siècle, une émigration très importante de pêcheurs méridionaux se produisit en Bretagne.

Elle fut provoquée par Fouquet. Le célèbre surintendant des Finances, après l'acquisition de Belle-Ile, y envoya une flottille de 400 barques et 4 chasse-marées. Il détermina une émigration de Languedociens qui instruisirent les Bel-Ilois des procédés de pêche et de fabrication. Cette émigration ne fut pas soudaine et spontanée. Elle revêtit, au contraire, un caractère d'infiltrations continues, réparties sur plusieurs années et qui, des ports du Sud, firent tache d'huile vers le Nord.

Le rapide développement de la pêche de la sardine de Port-Louis jusqu'à Brest attira l'attention du pouvoir royal. Un arrêt de 1715 prohiba l'entrée des sardines étrangères, cette intervention de la législation favorisa puissamment la pêche de la sardine et l'industrie des salaisons.

Mais d'autres facteurs intervinrent encore qui contribuèrent à sa prospérité : l'extrême misère du bas peuple des campagnes et des villes sous l'ancien régime et le niveau très bas de ses moyens d'existence; l'ouverture des grands débouchés comme les colonies de noirs que l'on nourrissait de salaisons, toujours au meilleur marché possible, et, enfin, le rigorisme des lois canoniques qui prescrivaient le maigre et le carême.

Mais le développement des pêcheries de sardines ne se fit pas sans des hauts et des bas. Deux causes contribuèrent surtout à faire varier. les rendements : les différentes guerres maritimes et l'absence ou l'irrégularité des passages de la sardine.

Déjà, en 1745, l'on se servait beaucoup de la « gueldre » ou « menusse », concurremment, d'ailleurs, avec la rogue. Cet appât soulevait de nombreuses récriminations. On lui reprochait de détruire le poisson à venir et de corrompre la sardine pêchée qui fermentait et crevait les barils.

Après la guerre de la succession d'Autriche, en 1748, la pêche de la sardine connut de beaux jours. Des établissements considérables se formèrent en Bretagne, sa production dépassa, de beaucoup, les besoins de la consommation française. Le seul port de Port-Louis exporte, l'année 1749, à destination du Languedoc, près de 17,000 petits barils. Concarneau, Audierne, Douarnenez, Camaret et autres ports en auraient fourni autant. Après cette période heureuse, la pêche fut nulle dans tous les ports, la sardine avait abandonné les côtes.

De plus, la guerre de Sept ans, de 1756 à 1763, porte un grand préjudice à la pêche qui ne reprit son essor qu'après le traité de Paris. En 1767, les ports de Douarnenez et Audierne, surtout, ont vu s'accroître leur importance ; c'est à cette époque que des industriels, désignés sous le nom de « fabriqueurs de sardines », se sont occupés de saumurer le poisson.

En 1780, on comptait 22 presses de sardines de la rivière d'Etel à celle de Quimperlé; à Concarneau, 22 autres.

La concurrence étrangère était venue, dans l'intervalle, offrir ses produits dans notre pays. Les Anglais, notamment, débarquaient de la sardine pressée et les marchands languedociens sollicitaient la permission de « tirer » des sardines d'Espagne. Des arrêts prohibitifs étant établis, les pêcheurs bretons réclamaient leur stricte observance.

A la veille de la Révolution, la jauge des bateaux sardiniers, en France, s'élevait à 3,000 tonneaux. Dans le Finistère, 4,958 marins se livraient à cette pêche, dont le produit s'élève à 85,750 barriques du poids de 170 livres et à 870 barriques d'huile.

Après 1789, les principaux centres d'armements et de pêche étaient Concarneau, Douarnenez et Brest. Chaque chaloupe comptait 4 hommes d'équipage. L'on se servait, comme précédemment, pour appâter le poisson, du « frai » de stockfish, de morue, de cabillaud et de maquereau délayé dans de l'eau de mer, mais, détail qui ne se rencontre plus, l'on tirait les sardines des filets au moyen d'une sorte de raquette.

Comme de nos jours, malheureusement, l'apparition de gros poissons venait entraver la pêche.

En l'an X, Douarnenez arme environ 400 chaloupes et Concarneau 300. La sardine n'apparaît plus à l'île de Sieck, tandis qu'autrefois il s'en faisait une pêche assez considérable.

La sardine est consommée fraîche ou exportée par les chasse-marées, mais la plus grande partie de la pêche est déposée dans les magasins des négociants, salée et soumise à l'action de la presse.

Pour affaiblir le commerce de l'Angleterre, un arrêté de septembre 1803 réduisit le droit sur le poisson étranger, pour la durée de la guerre. La pêche anglaise fut seule exceptée de ce régime de faveur.

En 1814, une ordonnance doubla les droits sur tous les poissons de mer, de provenance étrangère.

En 1835, la pêche favorisa Douarnenez, Concarneau, Audierne. Par contre, en 1839, elle traversa une crise générale qui dut être assez aiguë. Le mauvais rendement de la pêche dut être général sur tous les points de la côte bretonne.

L'industrie de la pêche de la sardine n'eût pris, en Bretagne, son extension moderne, sans une invention qui vient lui donner une impulsion extraordinaire et la faire progresser à pas de géant. L'essor de notre industrie actuelle date, en effet, de la découverte des sardines à l'huile, mode de conservation du poisson infiniment supérieur aux modes précédemment employés par le sel et le vinaigre.

La méthode, imaginée par Nicolas Appert, en 1804, et publiée par lui, en 1811, révolutionna les conditions économiques des côtes sardinières.

Des progrès incessants, des perfectionnements ingénieux vinrent, à différents intervalles, compléter l'idée de Nicolas Appert. L'emploi de l'huile d'olive ou d'arachide, l'usage de boîtes métalliques, l'amélioration de l'art de souder, la fabrication de la sardine sans arête, etc., sont venus, tour à tour, améliorer la qualité des produits obtenus en abaissant le prix de revient.

La première « confiserie de sardines » fut fondée aux Sables-d'Olonne, en 1832, par M. Juette.

Un événement imprévu se produisit à l'encontre des desseins du courageux novateur.

L'administration des douanes refusa d'accepter, comme caution, pour cette usine, un négociant recommandable. Ce refus insolite irrita les marins qui se mirent en grève, s'abstenant tous, pendant un jour, d'aller à la pêche. Ils prévoyaient, en effet, tous les services que cet établissement de Juette était appelé à leur rendre.

Tout rentra bientôt dans l'ordre et l'exemple de M. Juette fut suivi. D'autres usines s'élevèrent sur certains points du littoral.

En 1834, M. Lucas fit construire à Belle-Ile un établissement et, en 1846, un industriel de Nantes vint le concurrencer.

La maison Pellier frères créa son établissement à La Turballe, en 1841.

Actuellement, Concarneau compte 34 usines, Douarnenez 28, Audierne 15, et Camaret 8. Ces usines emploient environ 2,000 hommes boîtiers et 6,000 femmes.

Le prix du mille de sardines varie en raison des quantités de sardines pêchées, de leur qualité et aussi en raison du port sardinier. Le temps est loin d'être également un facteur négligeable. Les premiers bateaux arrivés vendent, d'ordinaire, leur poisson à plus haut prix. A l'approche de la nuit, le prix du mille subit un fléchissement très appréciable. Les mareyeurs, qui expédient la sardine en vert, sont les plus forts enchérisseurs. Dans les années de disette, ils sont les rois du marché et se disputent le mille à 40, 50 et parfois 80 francs ; seules, certaines usines, dont la marque fait prime, peuvent aborder de tels prix.

L'unité d'achat est toujours demeurée le mille.

Les acheteurs se réunissent au même endroit et forment un marché, une « bourse » du poisson. Le poisson est transporté par paniers de 200 à l'usine.

Les prix éprouvent de grandes variations d'une année à l'autre et même d'un mois à un autre mois. En 1900, la moyenne du prix du poisson était de 10 francs le mille ; en 1902, 24 fr. 60, et en 1903, 39 fr. 40.

II. — Les appâts.

Nous ne saurions mieux faire que d'emprunter à M. Rivoal, directeur de l'Ecole de pêche à Douarnenez, les renseignements qu'il a déjà publiés dans le bulletin de la *Société de l'Enseignement professionnel et technique des Pêches maritimes*. Il a traité la question de telle façon que nous ne pourrions rien ajouter.

« La sardine est attirée dans les filets au moyen d'appâts naturels et d'appâts artificiels dont nous allons étudier les principaux.

« En tête des premiers vient la « *gueldre* », composée de crevettes et de toutes sortes de poissons infiniment petits. Elle est pêchée en eau très peu profonde sur les plages sablonneuses, dans une serpillière que deux femmes laissent traîner derrière elles tout en marchant.

« Cet appât, dont la sardine est très friande quand on le lui jette tout frais, coûte fort cher. Son prix élevé est dû à sa rareté relative : deux femmes, en effet, n'en prennent que quelques poignées pendant les heures de marée auxquelles se fait la pêche.

« Il est à souhaiter, pour le repeuplement de nos baies, qu'on interdise le plus tôt possible la capture et la vente de la « gueldre » ; elle ne constitue, après tout, qu'un appât insignifiant, étant données les petites quantités qu'on en peut avoir. Il n'en est pas de même de la rogue, cet autre appât naturel, composé d'œufs de poissons et que l'on trouve abondamment dans tous les pays.

« Il est à remarquer que l'époque de la pêche d'un grand nombre d'espèces de poissons correspond avec l'époque du frai. Nous allons passer en revue les principales pêches qui entrent dans le cadre de notre sujet et nous étudierons les différentes sortes de rogues en indiquant leur pays d'origine, leurs qualités particulières, leur mode de préparation et leurs prix.

« *Rogues de morue.* — La pêche de la morue se pratique surtout dans la mer de Norvège et sur les bancs de Terre-Neuve. Dans la mer de Norvège, elle se fait à Tromsœ, aux îles Lofoten, Yttersiden, Vikten, etc., ainsi que sur les côtes d'Islande et aux îles Féroë. L'époque pendant laquelle la morue contient de la rogue va de la mi-janvier à la fin d'avril pour la côte de Norvège, de mars à mai pour l'Islande et de mai à juillet pour Terre-Neuve.

« Avant le frai, l'ovaire, que les pêcheurs appellent la *poche* ou la *folle*, est énorme et contient des œufs par millions; il mesure souvent cinquante centimètres de long et plus de quarante de circonférence. Les grandes *folles* constituent la rogue de première qualité; la deuxième qualité est faite de folles qui ont commencé à se vider, et la troisième, de folles aux trois quarts vides. En volume, sur 100 unités, les trois qualités sont respectivement représentées par 25, 50 et 25. Voici un tableau donnant pour Bergen, avec la production totale, les prix moyens des trois qualités pour les huit dernières années.

Rogues de Norvège

ANNÉES	PRIX MOYEN			PRODUCTION TOTALE
	1re qualité	2e qualité	3e qualité	Barils de 125 kilos
1900	80 fr.	70 fr.	60 fr.	24.100 barils
1901	85	75	65	32.400 —
1902	105	95	85	31.700 —
1903	92	82	72	23.000 —
1904	101	91	81	24.600 —
1905	105	95	85	34.100 —
1906	65	55	45	44.300 —
1907 (15 juin)....	58	45	32	34.700 —

« Les pêcheurs norvégiens salent leurs rogues dans de vieux barils; les trois qualités y sont mélangées. Arrivées à Bergen, on les met dans une saumure de densité telle qu'une pomme de terre y doit flotter. Quand elles y ont séjourné deux ou trois semaines, on les trie pour les mettre dans des barils percés de plusieurs trous par lesquels la saumure non absorbée peut s'écouler. Ce mode de préparation, qui est le plus simple du monde, est aussi le meilleur. Malheureusement on ne le pratique ni en Islande ni à Terre-Neuve. Dans le premier pays, nos pêcheurs se contentent de saler leurs rogues et de les mettre en vrac dans la cale pour les transporter en France. Arrivées à Boulogne, Saint-Malo ou Bordeaux, elles sont mises pêle-mêle en barils. Ces rogues constituent un appât inférieur et le pêcheur sardinier ne les achète qu'en désespoir de cause. Malgré l'infériorité de ces rogues, nos armateurs touchent pour elles une prime exorbitante de 20 francs aux 100 kilos, payée par le gouvernement. Disons, en passant, que plusieurs armateurs de Boulogne, Fécamp, Saint-Malo,

Binic et Bordeaux se sont décidés cette année, sur les instances de la Fédération des pêcheurs du Finistère, à saumurer leurs rogues à l'arrivée en France. Nous en avons vu dernièrement plusieurs centaines de barils dont l'odeur et l'aspect révèlent un bon appât.

« *Rogues de Terre-Neuve.* — A Terre-Neuve, les rogues sont mises en barils sans avoir été préalablement triées. A leur arrivée à Bordeaux, elles sont quelquefois *repaquées*, mais les trois qualités ne sont pas séparées.

« Si les armateurs voulaient bien les saumurer à Terre-Neuve ou même à Bordeaux, elles deviendraient de fort bons appâts. Pour l'instant, c'est une marchandise de qualité et d'apparence trés variables : sur un lot de 100 barils, il n'est pas rare de trouver 20 ou 25 barils très défectueux. Ces rogues, ainsi préparées, sont donc pour le pêcheur des marchandises qu'il hésite à acheter par crainte d'être trompé.

« *Usage.* — Quoi qu'il en soit, la rogue de morue bien conservée est un appât de premier choix pour la pêche de la sardine. Au moment d'en faire usage, le pêcheur met quelques *folles* dans une baille contenant un peu d'eau de mer ; la rogue y est délayée de manière à former une bouillie de laquelle on a soin d'extraire toutes les peaux ou *poches vides*. Cette bouillie est jetée à poignée par le patron du bateau sur l'endroit du filet où il veut attirer la sardine.

« *Rogue de maquereau.* — L'Irlande et le Nord de la France récoltent de la rogue de maquereau pendant deux mois environ, mai et juin. C'est l'appât préféré des pêcheurs du golfe de Gascogne. Comme cette rogue est relativement rare, son prix est plus élevé que celui de la rogue de Bergen ; la différence est d'environ 15 %.

« On la prépare et on l'emploie comme la précédente et, d'ailleurs, comme toutes les autres rogues.

« *Rogue de hareng.* — Depuis quelques années, l'usage de la rogue de hareng tend à se généraliser. Elle est récoltée de septembre à janvier dans la Manche, la Baltique, la mer du

Nord et la mer de Norvège. Généralement pour la préparation de la rogue de hareng on se contente de la saler, bien que le saumurage soit préférable.

« Cette rogue est plus dense que les rogues de morue et de maquereau; son odeur est également plus forte. Dans une mer agitée ou dans un courant c'est elle qui réussit le mieux, parce qu'en coulant vite elle se disperse beaucoup moins.

« Il est rare que les pêcheurs bretons fassent une journée de pêche d'un bout à l'autre en se servant exclusivement de la rogue de hareng : quelquefois ils la mélangent à la rogue de morue; le plus souvent ils l'emploient pour « lever » le poisson quand celui-ci stationne au fond de l'eau. Dès qu'il est levé et qu'il monte vers le filet, on lui jette de la rogue de morue à des intervalles plus ou moins espacés jusqu'au moment où il convient de haler le filet à bord; cela s'appelle boëtter, d'un mot breton qui signifie donner à manger. Ces deux opérations, lever et boëtter, constituent les deux phases ou les deux *temps* de la pêche.

« La rogue de hareng, dont la récolte est généralement abondante, coûte plus cher, environ les 3/5 du prix de la rogue de Bergen.

« Elle a malheureusement un défaut : la peau de ses *folles* adhère aux mailles du filet, ce qui nécessite un lavage ou un nettoyage supplémentaires.

« *Rogues artificielles*. — A Douarnenez, plusieurs appâts artificiels furent inventés et expérimentés. Ils étaient pour la plupart composés de farines, de déchets de poissons, de résidus d'huiles et de légumes broyés ensemble. Plusieurs pêcheurs très dignes de foi m'ont affirmé que ces appâts donnaient des résultats satisfaisants, surtout quand on y ajoutait une poignée de bonne rogue. En somme, leur valeur propre n'était pas très grande; mais ils offraient le précieux avantage de diminuer la consommation de la rogue dont le prix était très élevé.

« J'ai acquis la conviction que ces divers appâts, dont les

plus estimés furent ceux d'Hispa et de Renot, ont été abandonnés parce que les expériences furent faites sans suite ni méthode et aussi parce que les industriels n'ont pas su profiter des premiers résultats acquis pour lancer leurs produits.

« Quoi qu'il en soit, la tentative ne réussit pas et l'idée fut reprise par M. Boutard, de Rouen, qui essaya de tirer parti de l'invention délaissée. Il composa, suivant les formules de Renot, un appât connu sous le nom de morphirogue Boutard. Il a l'apparence du pain de seigle émietté ; son odeur rappelle celle de la rogue naturelle, et, comme celle-ci, il s'égraine dans l'eau. La morphirogue Boutard possède une propriété très précieuse, celle de se conserver en parfait état pendant de longues années, ce qu'on ne peut obtenir des rogues naturelles qui, au bout d'un an, perdent déjà de leurs qualités.

« La morphirogue Boutard connut le succès, comme ses devancières; comme elles aussi, et pour les mêmes raisons, elle fut vite abandonnée. L'inventeur n'en fabrique plus depuis 1903.

« *Roguelle ou rogue Foulon.* — Un ingénieur nantais, M. Foulon, reprit sur d'autres bases la fabrication de la rogue artificielle.

« Sous le nom de *roguelle*, il présenta au Congrès des Pêches maritimes de Bordeaux une rogue ayant l'odeur et l'aspect de la rogue de morue de première qualité.

« Des essais faits à Concarneau, en 1904 et en 1905, donnèrent d'excellents résultats. Aux Sables-d'Olonne et à l'île d'Yeu, la roguelle a aussi été utilisée par quelques pêcheurs.

« Malheureusement la crise sardinière n'incitait pas les marins à faire de nombreux essais; ils s'en tenaient à la rogue de morue qu'ils considèrent toujours comme le meilleur appât. Son prix de 25 à 30 francs les 100 kilos la rend abordable, sa conservation est presque indéfinie et la fabrication peut être faite au fur et à mesure des besoins.

« Notons que le poisson pêché avec cette rogue se conserve plusieurs jours, sans traces de fermentation.

« *Simili-rogue Fabre-Domergue*. — En 1905, M. Fabre-Domergue, inspecteur général des pêches maritimes, ému de la détresse des marins-pêcheurs sardiniers à qui les commerçants vendaient la rogue à des prix excessifs, composa un appât ayant la forme, la densité et l'apparence des œufs de morue.

« C'est un mélange de farine de froment, de farine de seigle, de caséine, d'albumine et d'huile de poisson.

« Une expérience incomplète a, dit-on, été tentée à Camaret en 1906. Cette année, il conviendra que les pêcheurs en fassent un essai loyal. L'usage d'un tel appât, dont le prix sera à peu près constant sans dépasser 30 francs les 100 kilos, fera infailliblement baisser le coût des rogues naturelles.

« La simili-rogue offre d'ailleurs un grand avantage, c'est qu'on en peut fabriquer autant qu'il en faut, et au fur et à mesure des besoins.

« *Farine d'arachide*. — Depuis quelques années, la cherté de la rogue a poussé les marins-pêcheurs à employer certaines farines en mélange. Une seule, celle d'arachide, est encore en. usage. Son prix moyen est de 20 francs les 100 kilos. La sardine la mange, bien qu'elle n'en soit pas friande. D'ailleurs, la farine d'arachide, que nos marins emploient telle quelle, est un mauvais appât, en ce sens qu'elle fermente dans le tube digestif du poisson et le fait même parfois éclater. On constate, en ouvrant les sardines, que celle qui a mangé de la farine d'arachide n'a pas la chair blanche et parfumée de celle qui a été boëttée à la rogue.

« Il est à souhaiter que cet appât ne soit plus employé, sinon dans les années d'extrême cherté de la rogue ».

III. — Pêche de la sardine de rogue

La durée des campagnes de sardines varie selon la position géographique des ports qui pratiquent cette pêche.

La sardine fait son apparition dans les ports du Sud quelques semaines avant. Les ports du Finistère ne préparent leurs armements pour cette pêche que vers fin mai et commencement de juin. En revanche, ils la continuent jusque fin novembre.

La pêche, dans la baie de Douarnenez, plus abritée contre les tempêtes d'hiver, se prolonge jusqu'à fin décembre.

Lorsque le premier bateau, « le découvreur », a pris de la sardine, les pêcheurs de raies et de maquereaux débarquent leurs engins. Ils remplissent la grande caisse de bois située à l'arrière de leur chaloupe des filets appelés filets de sardines.

Un seul jour suffit pour cette transformation; le bateau doit être rendu sur les lieux de pêche au premier point du jour. Au lieu de prendre différentes directions et de pêcher sur des bases ou fonds espacés, les bateaux sardiniers naviguent en groupe vers le point de la côte où la sardine a été signalée ou du moins est présumée se tenir.

Plusieurs indices peuvent déceler la présence du poisson : la couleur de la mer, le vol des mouettes, l'intonation de leurs cris, la plongée rapide des oiseaux de mer et surtout la présence des marsouins.

Pour pêcher, on « abat » les mâts et on arme les avirons : deux hommes nagent bout au vent. Lorsque la chaloupe est assurée, le patron se place debout sur la chambre à l'arrière du bateau, il prend un filet du moule qu'il suppose convenable, le jette à la mer et l'attache au moyen d'une corde à l'arrière du bateau. Le filet, par suite de la vitesse imprimée au bateau par les teneurs debout, suit en ligne droite dans le sillage, tout en conservant dans l'eau une position verticale. Le patron jette un mélange de farine et de rogue de droite et de gauche et s'efforce de faire tomber l'appât en véritable pluie. Au bout de quelques jets il s'arrête et observe attentivement la « levée » du poisson. Les rameurs font le moins de bruit possible pour ne pas effaroucher la sardine. Des bulles d'air montent bientôt à la surface de l'eau, c'est le « berven », l'indice certain que la sardine existe à cet endroit et répond à l'appât.

A ce moment, il faut faire usage de rogue de qualité supérieure, car, si la sardine ne trouve pas l'appât à son goût, elle ne tarde pas à disparaître. L'huile de la rogue couvre la surface de l'eau ; c'est le « goulaven », appelé, en certaines localités, « lardon ou graissin ». Lorsque les carrés de liège de la haute corde commencent à s'enfoncer dans l'eau, le patron ramène doucement deux ou trois brasses du filet à bord du bateau ; c'est la visite.

La vue des lièges qui s'enfoncent subitement dans l'eau est loin d'être, en effet, un signe certain de pêche. Trois cas peuvent se produire :

1° La sardine étant trop petite pour le moule du filet, le poisson s'est bien jeté dans le filet, mais a passé au travers. Ce fait est prouvé par les écailles qui surnagent ou qui sont collées au filet.

2° La sardine étant trop grosse, en se heurtant beaucoup d'entre elles ont été étourdies par le choc, elles s'enfoncent lentement au fond de l'eau. Pour le patron qui les voit couler, c'est l'indice de l'étroitesse des mailles du filet qui pêche.

Dans ces deux premiers cas, le pêcheur retire le filet mouillé et le remplace par un autre dont les mailles lui semblent se rapprocher davantage de la grosseur du poisson.

Bien souvent, pour ne pas perdre dans la relève un temps précieux pendant lequel la sardine pourrait bien disparaître, le patron saisit immédiatement le second filet, l'attache au premier filet par un nœud coulant et le laisse glisser à la mer. Le second filet ne donne-t-il pas de meilleurs résultats que le premier ? Le patron recommence la même opération jusqu'à ce qu'il ait mis la main sur le filet du moule nécessaire.

3° Mais il peut se faire, et c'est la généralité des cas, que la coïncidence de la grosseur du moule du filet et du poisson se produise du premier coup. Le poisson maillé, le patron imprime alors au filet des secousses qui aident au « maillage ». Lorsqu'il juge la pêche du filet suffisante, le patron hale à bord son engin que deux hommes, en même temps, saisissent et agitent délicatement pour faire tomber le poisson.

Le démaillage du poisson exige un doigté spécial. Lorsque les marins pratiquent cette opération durant la traversée des lieux de pêche au port, c'est qu'ils n'ont pas eu le temps de le faire sur les lieux de pêche même ; c'est, par conséquent, signe de bonne pêche.

Le patron, selon le nombre de mille pêchés, selon l'heure ou le plus ou moins d'abondance du poisson, peut arrêter sa pêche ou la continuer. Dans ce dernier cas, il remplace le filet qui vient de pêcher par un autre filet du même moule ou bien il exécute l'opération décrite plus haut, c'est-à-dire qu'il laisse le filet rempli à la dérive, à la suite du filet nouvellement installé pour la pêche.

Cette façon de pratiquer la pêche reste la même dans tous les ports sardiniers. Aucun changement notable n'a été apporté. Nous devons d'ailleurs reconnaître que ce moyen donne d'excellents résultats dans les années de pêche moyenne. Dans les fortes années, la production est même trop grande pour la consommation des usines à conserves et on voit assez fréquemment le pêcheur dans la navrante nécessité de jeter à l'eau le produit de son travail.

Pendant la crise sardinière provoquée par l'absence du poisson, les patrons pêcheurs ont adjoint à leurs chaloupes des canots ou « doris » de 12 à 15 pieds, plus facilement maniables, et sur lesquels on pratique la pêche. Le filet est traîné par le canot, puis, lorsque l'on juge le poisson pris, le bateau principal passe un autre filet qui remplace le premier à l'arrière du canot. Pendant ce temps, la chaloupe fait sa relève au premier filet.

Ce procédé ménage le temps et le travail des hommes et est excellent pour les années de petite pêche. Mais, dans les années d'abondance, il permet de prendre trop de poisson.

Il a amené, cette année, dans les ports de pêche, une crise d'un nouveau genre, celle de la surproduction. La loi de l'offre et de la demande qui régit toutes les transactions commerciales a avili les prix de telle façon que le marin, même avec une très forte pêche, recueillait un gain dérisoire.

Cette situation était aggravée par la fermeture d'une grande partie des usines que la crise sardinière avait atteinte et qui n'avaient pas pris leurs dispositions pour travailler cette année.

Une grève de pêcheurs en est résultée dans tous les ports du Finistère. A l'heure actuelle, aucune solution n'est encore intervenue.

IV. — Condition économique et sociale du pêcheur breton

Plusieurs causes ont contribué à faire des Bretons du littoral un peuple de pêcheurs : l'atavisme marin, le goût inné de la mer, la nature du littoral breton, son rivage tourmenté, ses baies spacieuses et abritées.

Le pêcheur sardinier est un homme dur à la peine. Son métier est plus pénible que d'aucuns se l'imaginent. La pêche à la sardine ne constitue pas, comme l'affirment certains, autant de promenades en mer. Il faut mettre à la voile de minuit à une heure du matin, selon le vent et la marée, de façon à rallier avant l'aube les lieux de pêche. Par « calme plat », il faut se servir de gros avirons et pousser en avant une lourde embarcation. Lorsqu'il aborde la terre, il doit compter, laver, transporter le poisson. Durant le temps de la pêche, il faut que les rameurs tiennent le bateau bout au vent.

Mais, pour les *marins*, la pêche de la sardine est, malgré tout, la partie de plaisir, tant les autres pêches sont pénibles et dangereuses; la pêche du maquereau, principalement, qui se fait à la dérive et de nuit. Les bateaux ne sont pas pontés et embarquent de nombreux embruns. Lorsqu'ils sont ailleurs que dans leur port d'attache, les marins passent les nuits d'hiver et de printemps dans leur bateau.

La vie est si dure que l'un d'entre eux, qui venait d'embarquer sur un bateau gréé avec vivier pour pêcher et transporter les crustacés, disait à ses anciens amis de misère : « Il y a un rouffle à bord, l'on peut faire du café, se changer et dormir à l'abri. Je ne me sens plus naviguer ».

Les bateaux usités pour la pêche de la sardine sont des barques de 8 à 9 tonneaux. Elles ne sont pas pontées. Elles ont 24 à 26 pieds de quille et 36 de tête en tête, et sont montées par 6 hommes et un mousse. Le gréement se compose de deux voiles presque rectangulaires, la misaine et le taille-vent.

Ces bateaux sont fins voiliers. Ils peuvent filer 6 à 7 nœuds. Au plus près, ils ont des allures de yachts de course. Construits solidement, ils réalisent tous les besoins de la pêche d'été. Malheureusement, la pêche d'hiver comporte une mer plus agitée et, tous les ans, l'on déplore la perte de plusieurs barques. La barre d'Audierne en garde une partie, l'Iroise, la Chaussée de Sein et le Raz engloutissent le reste.

La routine veut que les bateaux ne soient pas pontés, sous prétexte que leurs qualités de marche en souffriraient. La nouvelle génération a heureusement fait raison de ces idées et, actuellement, il y a en construction des bateaux jaugeant 10 à 12 tonneaux, munis d'un poste de couchage à l'avant et d'un compartiment étanche.

La coque d'un bateau sardinier coûte environ mille francs. Mais le bateau, tout gréé, revient à environ deux mille francs.

Voici, d'ailleurs, le détail des dépenses que nécessite la construction :

Coque de la chaloupe..............	1.000 f.
Canot auxiliaire pour la pêche.......	200
Voilure, 70 mètres carrés..........	150
Mâts.......................	80
Avirons, poulies, cordages..........	200
Ferrures....................	200
Chaîne et ancre..................	120
Compas, peinture, coaltar et divers..	100
Total.......	2.050 f.

Un bateau dure 9 à 10 ans. Les deux premières années, il ne demande aucun entretien ; mais, en revanche, les trois ou quatre dernières, il faut dépenser 3 à 400 francs par an pour le tenir en parfait état. L'entretien moyen peut être estimé, annuellement, à 200 francs.

Un bateau bien conditionné doit posséder environ 20 filets de moules différents, soit une dépense de 1.500 francs.

Le filet mesure 45 mètres de longueur et contient environ 6,400 mailles, ce qui lui donne, en profondeur, 6 à 8 mètres, selon la grosseur de la maille.

Pour « corder » un filet, on emploie 250 à 300 carrés de liège. Il y a un liège par deux montants ou « helern » sur trois. La basse corde ne reçoit aucun lest. Quelquefois, cependant, elle est lestée de deux ou trois pierres du poids de deux cents grammes l'une.

Le moule du filet est mesuré par cinq nœuds, tendus en diagonale. On emploie des filets de 36 à 70 millimètres, qui correspondent aux différentes grosseurs de sardines. Fabriqués avec du fil très fin, ces filets sont aujourd'hui teints en bleu, ce qui les rend presque invisibles. Autrefois, on les teignait en cachou.

Les filets valent de 75 à 80 francs l'un. Ils sont peu résistants, étant donnée la finesse du fil. Ce qui explique que l'arrivée des marsouins sur les lieux de pêche cause du dégât non seulement parce qu'ils chassent la sardine, mais encore ils mettent en pièces les filets.

La durée ordinaire d'un filet est de 4 à 5 années, mais il nécessite de nombreuses réparations tous les ans. Ce travail est fait par des ouvrières appelées « ramendeuses ».

La grosse dépense que supporte le patron pêcheur propriétaire de son bateau est l'achat de la rogue et de la farine.

En 1909, la rogue a été employée à raison d'un baril par semaine, soit 15 en moyenne pendant une campagne de 100 jours. On ajoute à cette rogue environ le même poids de farine, soit 30 sacs.

Toutes les dépenses faites par le bateau sont au compte de l'armateur, lequel est généralement le patron du bateau.

Si nous récapitulons les renseignements ci-dessus, nous trouvons, au compte de l'armement :

Amortissement du bateau...........   200 f.
Entretien.........................   200
Amortissement des filets...........   350
Rogue, 15 barils, à 100 francs....... 1.500
Farine, 30 sacs, à 16-17 francs......   500
Rôle, caisse de prévoyance, etc......   50

                        Total....... 2.800 f.

Le produit de la pêche est partagé de la façon suivante :

La moitié revient à l'armement qui fait toutes les dépenses.

L'autre moitié est divisée en six parts et demie ; une pour chaque homme et une demie pour le mousse.

La part de chaque homme, pendant la campagne 1909, a varié entre 250 et 300 francs. Le plus favorisé que nous connaissions a touché 345 francs.

Il est facile d'en déduire ce que l'armement a en caisse : 1,800 francs environ, soit un déficit de 1,000 francs.

En conséquence, cette année, malgré la grande quantité de poisson pêché, le patron a fait une très mauvaise campagne. Avec des rendements semblables, la question de l'équilibre du budget devient insoluble. Le marchand de rogue fait crédit, le boulanger également. Pendant les années où le résultat était bon, le patron de bateau avait économisé et avait acheté une petite maison. Actuellement, on emprunte et, petit à petit, le crédit dévore le logis qui avait été acquis au prix de tant d'efforts.

La situation du marin-pêcheur travaillant à la part n'est pas beaucoup plus brillante. Son budget de recettes est à peu près le suivant :

Pêche de la sardine......................   300 francs
Autres pêches   250   —
Travail de la femme à l'usine............   150   —
Travail des enfants à l'usine ou à la dentelle. 150   —

                        Total.....   850 francs

Les dépenses peuvent se répartir comme suit :

Nourriture	600 francs
Loyer	100 —
Chauffage et éclairage...................	50 —
Habillement	70 —
Frais divers, rôle.......................	30 —
Total.....	850 francs

Si l'on considère que ce budget s'adresse à une famille de 5 à 6 personnes, on se demande par quels prodiges d'ingéniosité il peut tenir debout.

Pendant la dernière campagne de pêche, le poisson étant très abondant, les marins ne trouvaient l'écoulement que pour une partie de leur pêche, 8.000 à 13.000 sardines, suivant les ports; les bateaux en rapportaient 18.000 à 20.000. Ils étaient ainsi dans la triste obligation de jeter à l'eau ou au fumier la partie invendue. Il est à souhaiter de voir utiliser ce poisson d'une façon plus avantageuse.

Les sardines pressées, très appréciées autrefois, ne se rencontrent plus que dans quelques rares maisons. Et pourtant il y aurait, pour ce produit, un écoulement facile. Pendant l'hiver, les cultivateurs de l'intérieur de la Bretagne en achètent aux épiciers à des prix variant entre 18 et 25 francs le mille. En admettant que le transport et les intermédiaires absorbent la moitié de ce chiffre, il reste encore 10 francs pour le producteur, alors que le prix moyen de la sardine n'a guère dépassé 7 à 8 francs chez les usiniers.

Il y a là une industrie à introduire dans le foyer même du marin. Les barils vides de rogue peuvent servir de récipients, la presse sera une grosse pierre. Il n'y a à acheter que le sel qui pourrait être livré en franchise des droits de douane.

Il y a encore autre chose à proposer.

Les sardines confites dans du vinaigre avec des épices sont un régal de gourmet. Dans tous les ports de pêche, des centaines de ménages en préparent pour leur consommation personnelle. Si le marin, aidé de sa famille, remplissait des bocaux et des cruchons de sardines marinées, il en trouverait facilement l'écoulement, dans des conditions bien supérieures comme rendement à celles qu'il obtient par ailleurs.

Ce sont des essais à tenter et je suis convaincu que ces petits moyens donneront à ceux qui en prendront l'initiative plusieurs centaines de francs par an pour chaque ménage. Dans leurs modestes ressources, cela représenterait une grande somme de bien-être.

Le marin-pêcheur exerce un des plus rudes métiers qui existent. Il court des dangers incessants et ne rapporte, la plupart du temps, qu'un produit insuffisant pour donner à sa famille le pain nécessaire.

Ses détracteurs sont nombreux, car on lui reproche, avec raison malheureusement, plusieurs défauts, mais on n'admire pas assez l'esprit d'indépendance et l'intrépidité de ces hommes, qui sont la gloire de notre flotte et qui synthétisent ce qu'il y a de meilleur dans le caractère breton.